お気に入りを探して
雑貨とインテリアのお店

新海直美
shinkai naomi

はじめに

木の質感や布の肌触り、色合い、香り、かたちー。
"好き"と思えるものに出会ったとき、ドキドキしませんか。
最近は画面の中で選ぶことも増えましたが、確信をもって好き!
と思えるのはやっぱり実際に見て触れたときではないでしょうか。
そんな心の高鳴りをたくさんの人に感じてほしいなと思っています。

お店の人とその良さを分かち合う、そういう時間もすごく楽しいですし、
好きになったものがつくられたストーリーを聞いていると、
もっともっと愛着が湧いて、めぐり合えた自分さえも誇らしく思える。
かたちになったものに込められた想いには、そんなちからがあると思います。

この本に載っている何かがきっかけになって
たくさんの出会いが生まれるといいなと思います。

新海直美

contents

002　はじめに
006　掲載店エリアマップ

ライフスタイルショップ

012　MILL
014　SUU
016　FAbULOUS
018　sabita
020　giorni‥‥Lifeworkproducts
021　ヨーガンレール+ババグーリ 札幌
022　rossa
023　Ach so ne
024　とみおかクリーニング 札幌1階雑貨店
025　UMIERE

手しごとのもの

028　COQ
030　アトリエ Sachi
032　kanata art shop
034　クラフトの畑 Ager
035　青玄洞

036　器と雑貨 asa
037　YUIQ
038　Pots of
039　space1-15
　　　040　Anorakcity Störe
　　　040　闇月創房
　　　040　マーノ
　　　040　yurarika
　　　041　Coin
　　　041　点と線模様製作所
　　　042　書庫303
　　　042　トロッコ
　　　042　F1/6 エフロクブンノイチ
　　　042　がたん ごとん

北国のもの

044　D&DEPARTMENT HOKKAIDO by3KG
046　piccolina
048　北海道くらし百貨店
050　Siesta Labo.
051　presse
052　Finland select shop vaasä
053　チエモク

雑貨

058　ヒシガタ文庫
060　和田硝子器店
062　il dono
064　METROCS Sapporo
066　OWN WAY CAFE
067　ひとめ惚れ雑貨店　toitoitoi
068　RIITO こどうぐ店
069　OLD 1 PLUS
070　Queserán Pasarán
071　Le chant du coq
072　bluetulip
073　TSUTAYA 美しが丘店
074　cheer
075　WALL DECO SHOP KABEYA

家具

086　澪工房
087　SAC WORKS
088　木心庵
089　SIMPLE　PLEASURE
090　blocco
091　sabisabi
092　北風 works

古き良きもの

100　UNPLUGGED
102　vintage & gallery pecoranera
104　grenier
106　81antiques
108　506070mansion
110　Realism
112　hotaru des hotaru
113　LaLaLa アンティーク
114　Studio SKIPPER

078　NORTH FACTORY
080　GENERAL STORE SURVIVE
082　カンディハウス道央
084　Bisco
085　彩工房

＊ショップデータのマークは、
(HP) ホームページ
[f] フェイスブック
[○] インスタグラム の有無です。

ちょっと遠くへ

- 118 yukimichi
- 120 Zenibako Style Shop & Gallery
- 121 家具工房　旅する木
- 122 かくれ家
- 124 アンティークショップ　クレイドル
- 125 SÜNUSU
- 126 旭川家具&クラフトショップ
  旭川デザインセンター
- 128 Less
- 129 Sachet.
- 130 slope
- 131 スイノカゴ
- 132 北の住まい設計社

- 026 円山・雑貨屋さんぽ
- 054 グリーンを取り入れる
  - 054 AROUND THE CORNER
  - 055 DELL GARDEN CONIFER
  - 056 Flower Space Gravel
- 076 実践 DIY 自分で壁紙を貼ってみました
- 093 造作家具をオーダーする

- 094 輸入家具と全国区のお店
  カンディハウス札幌
  TOYO KITCHEN STYLE 札幌ショー
  ルーム
  BoConcept
  LIVING HOUSE
  in ZONE with ACTUS 宮の森
  無印良品 札幌ステラプレイス
  CLASKA Gallery & Shop "DO" 札幌店
  Madu
  中川政七商店 札幌ステラプレイス店
  unico
  212 KITCHEN STORE
  TIMELESS COMFORT
  アフタヌーンティー・リビング
  quatre saisons
  私の部屋
  Francfranc
  NOCE
  arenot
- 098 イベントめぐり
- 115 カーテンや照明を購入する前に

- 134 index

＊本書掲載の情報は 2018 年 2 月時点のものです。その後、内容等変わっている場合がありますので、
事前に確認をしてから訪問してください。なお、そのほかの詳細は各店舗にお問い合わせください。

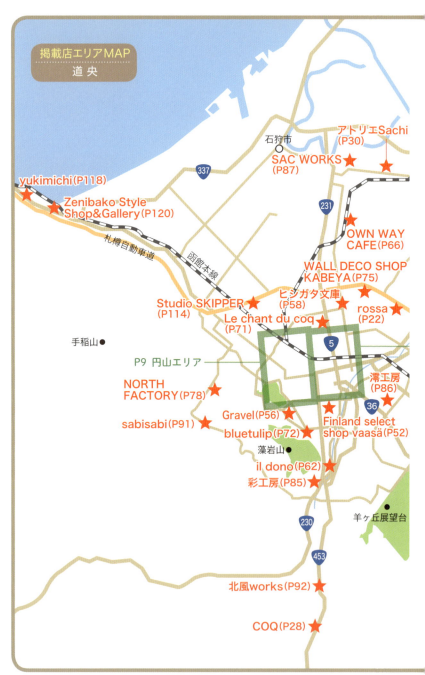

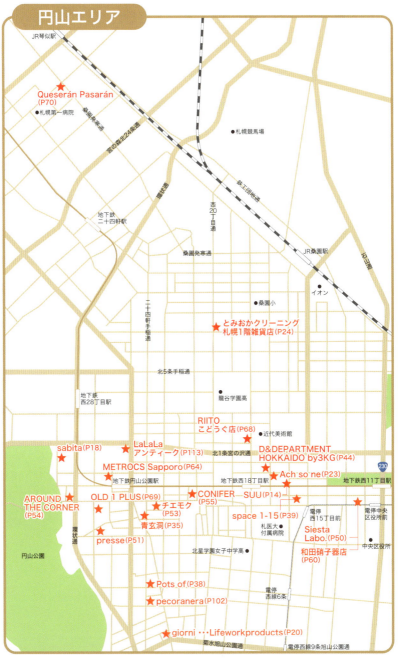

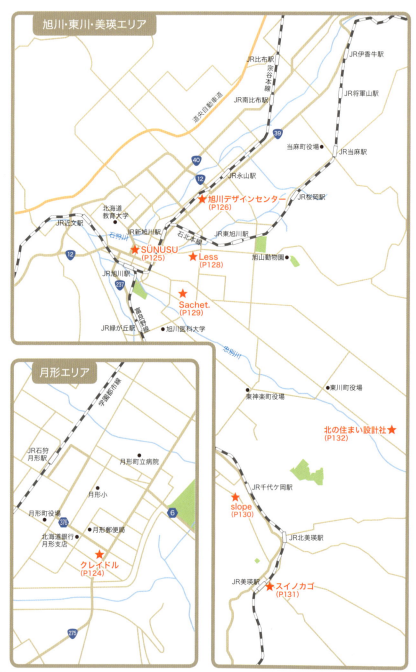

ライフスタイルショップ

雑貨や家具のほか、洋服や食品など生活にまつわるものが揃うお店が増えています。そんなお店は商品だけでなく空間の使い方もとても素敵で、暮らし方の参考になります。理想の暮らしを見つけに行ってみませんか？

MILL

●ミル

毎日を楽しく心地良く
札幌を見守り続ける老舗雑貨店

札幌市中央区大通西
1-13 ル・トロワ 3F
tel.011-213-0903
HP f ○

営業時間
10:00 ～ 21:00
定休日
1/1 (ほかル・トロワ定休日)
駐車場
カモンチケット対応

お味噌やだしなどの調味料もたくさん。身体にやさしくおいしいものを全国からセレクト。

札幌駅パセオにあった「TABASA（タバサ）」が、店名を変えて 2015 年にル・トロワに移転オープンしました。1989 年のオープンからずっと札幌の雑貨業界を牽引し続けてきた同店。生活に必要なものや飽きないもの、使ってみていいなと思ったものをセレクトして紹介し続けているとのこと。今ではみんなの知るところとなり雑誌などでもよく取り上げられているものも、ここでは以前から見かけることが多かったです。器では石原亮太さんや ARABIA、野田琺瑯、サタルニア、波佐見焼と幅広いラインナップ。衣類も fog linen work や KINOTTO、北海道ではここだけという G.F.G.S なども扱っています。MILL のフィルターを通した長く親しめるものが揃っていて、流行りを追っている感じはしません。最近は身体にやさしい食品や洗剤、スキンケア商品などが増えています。円山クラスの「TAMI」も姉妹店です。

ライフスタイル
ショップ

DROPJE（ドロッピェ）の焼き菓子。やさしい甘さとかわいい形が人気です。おつかい物にもおすすめ。

SUU

● スー

ハイセンスなアイテムを
アットホームな雰囲気で

札幌市中央区大通西
16丁目 3-32 大通ハイツ
tel.011-633-7577

HP Facebook Instagram

営業時間
11:00 〜 18:00
定休日
水曜
駐車場
なし

デンマーク王室御用達のガラスブランド、ホルムガードの「コクーン」は SUU 別注カラー。

訪れるたびに新しい発見があり、ディスプレイも素敵に変化している活気あふれるショップです。定番は特に決めずに、店長の外崎剛生さんとスタッフが日々情報交換するなかで良いと思うものを紹介しています。実際に使ってそれが良い理由をきちんと説明してくれるので、納得して購入できるのがうれしいです。扱っている商品はお洒落でかっこいいものばかりですが、対応はあたたか。スタッフも皆さん気取らない雰囲気で、お客様との対話を大事にしたいといいます。主に北海道内のメーカーや職人とコラボしたオリジナルの製品が多いのも特徴。珈琲豆、キッチンワゴン、スツール、メイプルシロップにフラワーベース、バッグ…とここにしかないものもたくさん。お子様向けやユニセックスなものも多いので、男性にもおすすめです。近所にレストラン「& Eat. by SUU」も展開し、インテリアも素敵なのでぜひ。

ライフスタイル
ショップ

Peace flower works のスワッグ。花のセレクトが絶妙で、飾るだけでハイセンスな空間が生まれます。

FAbULOUS

● ファビュラス

日常使いのできる
洒落たアイテムが集う場所

札幌市中央区南1条東
2丁目 3-1 NKCビル 1F
tel.011-271-0310

HP f ○

営業時間
11:00～20:00
（カフェは 8:00～23:00）

定休日
不定休

駐車場
なし

ライフスタイル
ショップ

近年、再開発が進む注目のエリア、創成川イースト。13年前に倉庫を改修して始めたお店は、この地区のイメージアップに大きな影響をもたらしたのではないでしょうか？大きなガラス窓からはカフェの様子しか見えませんが、店内奥にファッションとインテリアの広いスペースが。器やキッチンアイテム、グリーン、ランプ、家具と多岐に渡る品揃えはどれも個性的で洗練されたものばかり。デザインはもちろん、普段使いを目的に価格帯を抑えたラインナップがうれしいです。ディスプレイ用の什器に見えて、インドやアメリカのヴィンテージなどここだけのものが潜んでいるので隅々までご確認を。また、PUEBCOのスペシャルディーラーなので、本店でしか扱っていないアイテムが見られるのは道内ではここだけ。住宅や店舗のトータルコーディネートもしているので、どこにもない個性的な空間をお望みの方は相談してみてください。

ドイツ Franz Blumtritt & Sohne のハンター帽の羽飾り。本物の羽の天然色が美しい。ブローチにも。

カフェ&レストランはモーニング、ランチ、ディナーと三つの顔が。貸し切りパーティもできる素敵な空間です。

sabita

● サビタ

ギャラリーのように並ぶ
上質な日用の品々

札幌市中央区北1条西
28丁目2-35
MOMA Place 1F
tel.011-621-2400
(HP)

営業時間
12:00 ～ 18:00
(日曜は17:00まで)

定休日
火曜

駐車場
あり

ビンの底を洗ったり、あくを
取り除くこともできるブラシ。
そのまま出しておいても素敵。

アメリカ領事館向かいの真っ白なビルの1階、大きな窓から光が注ぎ、白い空間が広がっています。その空間を贅沢に使って並ぶのは、イイホシユミコさんや李英才さんなどの器、ARTS & SCIENCE や n100、YAECA、ギャルリももぐさ、CHECK& STRIPE などのファッションアイテム、調味料やお茶など。上品にディスプレイされ、空間の使い方もインテリアの参考になります。企画展や個展なども開催しており、紹介されるのは希少なものばかりです。すぐになくなってしまうものも多いので、HPやブログなどでこまめにチェックを。2階のカフェでは珈琲や紅茶、サンドイッチなどの軽食が楽しめます。防腐剤を使わないベーコンや国産飼料で育った鶏の卵を使ったキッシュ、セルロース不使用のチーズでつくるピザトーストなど、素材からこだわった食材ばかり。ゆったりと静かな時間が流れる大人の空間です。

１階で販売している
Uf-fu（ウーフ）の紅
茶もカフェで頂けます。
砂糖は阿波和三盆。

giorni…Lifeworkproducts

● ジョルニ ライフワークプロダクト

ストーリーから生まれる
美しさと心地良さ

札幌市中央区南8条西
23丁目2-5
tel.011-200-9229
HP F Instagram

営業時間
10:30 〜 18:00
(close 12:00〜13:00)

定休日
日曜(祝日は不定休)

駐車場
あり

オリジナルのパン切り。箱に深さがあってパンくずが下に落ちるようになっています。

ライフスタイルショップ

「giorni」はイタリア語で「日々」のこと。オーナーの岡崎さちさんが、心が豊かになる衣・食・住の日用の品々をセレクトしたお店です。流行りのものではなく、思いやストーリー、根拠があるものを紹介したいとイタリアやフランス、そして国内は北海道から沖縄と幅広い品揃え。また、シャツやダイニングテーブル、ハーブティーなどオリジナル商品もあります。日本の職人の技術を絶やしたくないとの思いから職人とコラボして商品をつくるようになったといいます。タグのデザインやインテリアコーディネートなどの仕事を経て今に至る岡崎さん。サイズ感がもっと伝わるようにと家具をメインにした新しいスペースもオープン。たくさんの視点からどんなものが生み出されるのかこれからも楽しみです。

ヨーガンレール＋ババグーリ 札幌

● ヨーガンレール プラス ババグーリ

立ち止まり考えさせられる
自然と人とのあるべき姿

札幌市中央区南2条西
3丁目 MODA 1F
tel.011-261-2760
HP f Ig

営業時間
10:30 〜 19:00

定休日
不定休

駐車場
なし

インドネシアの木工職人が
チークの丸太材を一本彫りし
て彫刻のように形づくったス
ツール。

デザイナーのヨーガン レールさんは、天然素材や職人の手しごとにこだわった服づくり、ものづくりを追求し、その思想や生き方は多方面に影響を与えてきました。2014年に急逝されましたが、その思いは服や雑貨を通して今でも私たちに語りかけてきます。店内には銅を丁寧に手打ちしたやかんやプランターカバー、綿を手で紡ぎ草木で染めた糸を手織りしたタオル、直火で使える耐火皿、南部鉄器のケトルなどが並びます。家具や生活雑貨を扱うブランドとして生まれた「ババグーリ」は、暮らすための道具を扱っています。どんな素材でどうやってつくられているのか、そして、これからどのように使われて最期を迎えるのか。過去と未来に思いをはせる、そんな時間をもらえる場所です。

021

rossa

●ロッサ

小さくて古いものと
毎日を楽しむ洋服の店

札幌市東区伏古9条
3丁目 2-24
倉庫天国 1F
tel.011-786-6512
HP ○

営業時間
11:00 〜 17:00
定休日
日〜火曜（不定休あり）
駐車場
あり

お子さんやお父さんがちょっと待っていられるスペース。絵本や雑誌なども用意されています。

煉瓦造りの倉庫の1階。お店を始めて11年目を迎え、この倉庫へは2013年に移転しました。店主の鈴木綾子さんが自身で内装を手掛けています。洋服と、年に数回、東京のセリや骨董市で仕入れる古いものを扱うスタイルは始めた当時から変わらず。小さなものがセンス良くディスプレイされ、ちょっとしたスペースを飾るテクニックが参考になります。パンツやコートはオリジナルのデザインで、鈴木さんが着たいものを素材から選び、縫製工場に製作を依頼しています。素材感や着心地を大切にしており、最近は少しゆったりめが多いとか。tumugu（つむぐ）やLAITERIE（レイトリー）、FrenchBullなどのシンプルだけど自分らしさの出せる値ごろ感のあるものが揃います。

ライフスタイル
ショップ

Ach so ne

● アソネ

ゆったりとした店主と
心和む手しごとの品々

札幌市中央区大通西
16丁目3-27
美術館前片岡ビル2F
tel.011-676-5008

HP f ◎

営業時間
11:00 〜 18:00

定休日
不定休

駐車場
なし

永島義教さんのカトラリー。オブジェとして飾りたいほどの美しさ。使い勝手も良いそうです。

美容室前に出ている黒い看板から視線を上げると、階段の奥に電球の灯りが見えます。オーナーの山本ご夫妻が全国のクラフトフェアなどに足を運びセレクトした手しごとの品々のお店です。器が豊富で陶磁器・木工・ガラスのものと素材も様々。50名を超える作家の作品を扱っていますが、なるべく札幌では扱いのないものを紹介するようにしているとのこと。ほかに、着心地や肌触りの良い洋服や靴下、靴、ちょっと個性的なつけるだけで華やぐアクセサリーなど身に着けるものや、パンケーキミックスやジャム、調味料、お茶などの身体にやさしい食品などもあります。山本ご夫妻のフィルターを通した品はどこか穏やかで和ませてくれるようです。自分へのご褒美や贈り物にもぴったり。

とみおかクリーニング 札幌1階雑貨店

●トミオカクリーニング サッポロイッカイザッカテン

毎日の家事が楽しくなる
お掃除グッズがたくさん

札幌市中央区北7条西
19丁目38-28
tel.011-807-9915

Ⓗⓟ Ⓞ

営業時間
11:00～19:00

定休日
不定休
(お盆・年末年始は休み)

駐車場
あり

洗剤を入れるためのホーロー容器も豊富。容器のほか洗面器やカトラリー、ポットなども。

1950年創業、中標津の老舗クリーニング店が展開する雑貨店です。中標津の本店のほか、旭川、東神楽、札幌に支店がありますが、こちらは雑貨に特化した店舗です。クリーニング店の雑貨屋というだけあって、洗濯やお掃除のためのアイテムがたくさん！ 定番の商品だけではないこだわりの品揃えが魅力で、そのまま出しておいてもインテリアとして一役買ってくれそうな、デザイン性の高いものが多くあります。オリジナル商品もあり、洗剤メーカーと開発した洗剤、大判のバスタオルが干せるランドリードライヤー、桜の木でつくった洗濯板、ワイヤーバスケットとどれも実用性とデザイン性を兼ね備えたものばかりです。2018年春にはカフェスペースもできるので、ますます楽しみです。

ライフスタイル
ショップ

UMIERE

● ウミエール

洗練された日用品と
こだわりのソフトクリーム

札幌市中央区北3条東
5丁目5 岩佐ビル1F
tel.011-211-4738

営業時間
11:00 〜 19:00
定休日
不定休
駐車場
なし

ソフトクリームは甘すぎないミルキーな味わい。楕円形が珍しいメイプルコーンもおいしい。

2017年12月、レトロな雰囲気でクリエイターも多く集う岩佐ビルの1階にオープン。カフェとシンプルな生活の道具と洋服を扱うショップです。店内はディスプレイの棚がいくつかと、作業カウンター、そして何席かのカフェスペースだけ。華美な装飾がないからこそ際立つセンスの良さがにじみ出る空間になっています。並ぶ日用品は、赤畠大徳さんのカトラリー、sensense（センセンス）の洋服、熊本Garageのお財布、ペンコのテープディスペンサー、古タイヤでつくられたバケツ…と幅広いジャンルの洗練されたものばかり。カフェスペースはドリンクとトーストなどが楽しめ、ユーモラスな形のソフトクリームが大人気。テイクアウトできるものもあるのでお散歩の途中にもおすすめです。

025

円山・雑貨屋さんぽ

お散歩しながら雑貨屋さんめぐりにおすすめのお店は？
と質問されることがよくあります。そんなときにお伝えするルートがこの二つ。
カフェなども多い地域なので、ひと休みしながらゆっくりめぐれると思います。
この本に掲載されている、ルート上のお店をまとめてみました。
お店によって営業時間や定休日が異なるので、
事前にチェックしてから訪ねてくださいね。

西11丁目〜西18丁目ルート

市電沿いの様々なお店をのぞきながら歩くのも楽しいです。大通公園の札幌資料館（大通西13丁目）やバラが咲き誇るサンクガーデン（大通西12丁目）もおすすめスポットです。

地下鉄　｜　電停
西11丁目　｜　中央区役所前

徒歩4分　｜　徒歩1分

Siesta Labo. (P50)
＊同じビルに、和田硝子器店 (P60)
カフェ「ATELIER Morihiko」

徒歩6分

space1-15 (P39)
＊同じ建物にカフェやご飯屋さんが4軒ほど

徒歩2分

SUU (P14)
＊徒歩2分のところに「&Eat. by SUU」

徒歩2分

Ach so ne (P23)

徒歩1分

D&DEPARTMENT
HOKKAIDO by3KG (P44)

徒歩4分

RIITO こどうぐ店 (P68)

徒歩4分　｜　徒歩11分

地下鉄　｜　電停
西18丁目駅　｜　西15丁目

円山ルート

円山公園散策や、北海道神宮参拝のついでにお散歩もいいかもしれません。地下鉄「円山公園」駅直結のマルヤマクラスにもたくさんのお店が入っていて楽しめます。

地下鉄 円山公園駅

徒歩2分

METROCS Sapporo (P64)

徒歩8分

sabita (P18)
＊2階にカフェスペースあり

徒歩7分

OLD 1 PLUS (P69)

徒歩2分

presse (P51)

徒歩10分

Pots of (P38)
＊徒歩1分のところに「inZONE TABLE」

徒歩2分

vintage&gallery pecoranera (P102)

徒歩4分

giorni …Lifeworkproducts (P20)

徒歩14分　｜　徒歩10分

地下鉄　｜　電停
円山公園駅　｜　西線9条旭山公園通

手しごとのもの

木やガラス、金属に布などの素材から人の手によって一つひとつ生み出されたものからは、温もりを感じます。職人の思いや、技が詰まっている逸品たち。人生のパートナーと呼べるひと品が見つかるかもしれません。

COQ

● コキュウ

日常に寄り添う布の
隠された思いに気づく場所

札幌市南区常盤5条
1丁目1-23
tel.011-252-9095
HP f ⓘ

営業時間
11:00～19:00
定休日
月曜(祝日の場合は翌日)、
第3火曜
駐車場
あり
※以上はギャラリー＆
ショップ

布に触れて知ってもらう機会をつくりたいと、ワークショップも開催しています。

纏い、空間を彩り、運び、ときには身体を休めるもの…。「布」はあらゆる形で日常に寄り添っていますが、身近すぎて存在や成り立ちに思いを馳せることは少ないかもしれません。世界的なファッションブランドにも生地を提供している、北海道生まれのテキスタイルデザイナー梶原加奈子さんは、自然に囲まれたこの地で、ゆっくり深呼吸する時間を過ごしてほしいと「COQ」をつくりました。ここには梶原さんのテキスタイルと共にファッションアイテムやインテリア雑貨など、自身がディレクションした商品が並びます。どれも心湧きたつデザインや心地良い肌触りのものばかり。それは、糸の特性を活かした染色や織り方など、多くの技術や職人の思いが詰まっているからこそ。梶原さんは布を通して人の役に立ちたいといいます。そんな愛情が込められた布だからこそ、日々に安らぎをもたらしてくれそうです。

手しごとのもの

仕切りにあしらわれている繊細なテキスタイル。
新しい空間の使い方を教えてくれます。

アトリエ Sachi

● アトリエ サチ

「使う」をイメージできる
生活に寄り添う器のお店

札幌市北区あいの里
2条3丁目16-7
tel.011-778-2708
(HP)

営業時間
10:00～18:00
(土・日・祝日は10:00～)
定休日
火・水曜（不定休あり）
駐車場
あり（裏の入口側）
※冬季は裏の入口を使用

旭川の漆作家、堀内亜理子さんの汁椀。道内作家のものも多く扱っています。

住まいの中で、しつらえの提案が見られるのも魅力。季節ごとの飾り方など相談してみては？

歩道に面した小さな門扉から続く飛び石が、この先に何があるのだろうとワクワクした気持ちにさせてくれます。ゆったりと居心地のよい空間は、自宅の一部を改装してつくられました。2級建築士でインテリアコーディネーターでもあるオーナーの鹿嶋祥さんが、建築に携わるうちに「より生活に寄り添ったものは何だろう」と考え、たどりついたのが「器」の世界。実際に使う様子がイメージできたらと、和室に低めにディスプレイされた様子や丁寧な説明から祥さんの器への愛情が伝わってきます。扱っている器は実際に作家の工房を訪れて取り扱いを決めたものがほとんどだとか。特注品について作家への橋渡しもしているので、個数や大きさなどのご希望があればお気軽にご相談くださいとのことです。企画展のほか、つくり手の気持ちも知ってもらいたいと、ものづくりのワークショップも開催しています。

kanata art shop

● カナタ アートショップ

全国から集められた
選りすぐりの ものたち

札幌市中央区大通西5丁
目大五ビルヂング6F
tel.011-219-3988

HP f ◎

営業時間
11:00 ～ 19:00
定休日
日・祝日
駐車場
なし

ここにしかない現代美術作家・伊賀信さんのブローチ。色と形を選んでオーダーできます。

訪れる度に新しい出会いをくれるショップです。井藤昌志さんのシェーカーオーバルボックス、FUTAGAMIの真鍮(しんちゅう)製品など全国的にも人気のアイテムから、いたがきの革小物、蔦井乃理子さんの器、伊藤千織さんのペーパーリースなど北海道ゆかりの作品と、道内外問わず良質な手しごとの作品がセレクトされています。また、北海道の色をテーマにしたグラスなど、オリジナル商品もあります。話題になる前の作家や作品が紹介されることが多いのも特徴。オーナーの平塚智恵美さんから、作家とのエピソードなどを伺うのも楽しく、作品だけではなく「つくる人」とのつながりを大切にしていることが伝わってきます。建築家の中村好文さんの家具や照明を、オーダーできる唯一のお店でもあり、ミナペルホネン・ピースの商品は東京以北で扱っているのはここだけ。ちょっとこだわりのある人への贈り物探しにもおすすめのお店です。

同ビル3階のギャラリースペースでも企画展が開催されているので、こちらもぜひお立ち寄りを。

クラフトの畑　Ager

● アゲル

店主の感性が光る
大人の隠れ家ギャラリー

札幌市中央区北2条西
2丁目26
道特会館1F
tel.011-251-3390

HP f ○

営業時間
11:00 〜 18:00
定休日
日・月曜（不定休あり）
駐車場
なし

岩見沢の川戸藤枝さんの日本刺繍をあしらった椅子。こんな組み合わせ方があったなんてとハッとします。

店主の舟見優子さんがセレクトしたクラフト作品が並ぶ、ギャラリーショップ。2017年9月に移転オープンしました。中通りに面したビルの階段を少し上ると、上杉愛さんのアゲル猫が迎えてくれます。「季節ごとに楽しみを提案したい」と舟見さん。こんな使い方や組み合わせがあるのよ、と説明する様子がとても楽しそうです。これからは「花を飾る」「書を愛でる」ことを提案していきたいとか。難しいかなと思っていたことも舟見さんが話すと堅苦しくなく、日々をちょっと楽しくする粋な遊び心として伝わります。日本の伝統や文化は、こういった遊び心で培われてきたのかも、という気がしました。企画展がメインですが、高井秀樹さんの白磁や森口信一さんの我谷盆などの常設もあります。

青玄洞

● セイゲンドウ

老舗だからこそ選びたい
日常づかいの器たち

札幌市中央区南2条
西24丁目1-10
tel.011-621-8455
(HP)

営業時間
11:00 ～ 18:00
定休日
水曜
駐車場
あり

季節ごとの展示を見るのも楽しい。訪れたのは冬だったので土鍋がたくさんありました。

36年目を迎える老舗の器のお店です。そういうと敷居が高く感じるかもしれませんが、暮らしの道具として毎日使える器を紹介したいと店主の太田創さんは言います。色々な場面で使えるように、有名・無名にかかわらず、形や柄、価格帯も様々なものを揃えています。身近な、マグカップやお茶碗もたくさんありますが、和食器は料理によって異なる器が使われるので特に多く扱っているとのこと。常設でこれだけたくさんの器が見られる場所は希少かもしれません。流行りではないお気に入りのひと品が見つけられるお店です。また、箸やカトラリー、布巾や手ぬぐいなど器にまつわる日用品もあります。店内の家具は姉妹店「青楓舎」のもの。オーダーできるので、気になった人は相談してみては。

器と雑貨 asa

●アサ

繊細で温かなユーモアある器が揃う
隠れ家的お店

札幌市中央区大通西
8丁目2-39 キタコー
北大通ビル 11F
tel.011-206-6975
HP f ◎

営業時間
11:00 〜 17:00
定休日
日・月・火・水曜(イベント
開催時は営業)
駐車場
なし

コースターやカトラリー
など小さな雑貨もあり、
季節によってはストール
やアクセサリーなども。

ビルの10階から階段を上り11階へ、さらに廊下を奥まで進むと現れる白い扉がお店の入口。このひっそり感がたまらない、隠れ家的なお店です。木、漆、ガラス、陶と様々な器を扱っていますが、ユーモアがあって温かなものが多く思わず笑みがこぼれます。一つひとつの絵付けを比べながら、じっくりと眺めて吟味する楽しさも。並ぶのは、店主の塚野鐘美さんが全国のクラフトマーケットなどを巡り見つけた器たちです。丁寧に説明してくれる様子がとても楽しそうで、ここに集められたものが本当に大好きなのだなとしみじみ感じる和みの空間になっています。また、割れてしまった器を修復する金継ぎのワークショップも人気です。すぐ定員になってしまうので、まずご連絡を。

YUIQ

● ユイク

違いのわかる大人の女性へ
日本中の手しごとの品々

札幌市中央区大通西3
丁目7 大通ビッセ2F
tel.011-206-9378

HP f

営業時間
10:00 〜 20:00
定休日
大通ビッセに準じる
駐車場
なし

店内奥、中2階は北海
道作家のコーナー。こ
ちらもお見逃しなく。

日本中の手しごとの品々をここまで揃えているショップは国内でもそう多くはないかもしれません。器や木工品、服飾品に食品と幅広い品揃えのライフスタイルショップです。ハイエイジの女性をターゲットにしているというだけあって、セレクトはその目利きに耐えうるものばかり。デザイン性もさることながら、着心地や軽さなど機能性にも優れたものが多く、目上の方への贈りもの探しにもおすすめ。還暦や退職のお祝いなど記念品になるものを探すにも良さそうです。伝統工芸品というとクラシックなデザインを思い浮かべますが、現代の新しい感性と融合したデザインもたくさんあります。「これから」をつくり出そうとする職人の意気込みが感じられ、やっぱり日本っていいなと思いました。

Pots of

● ポッツ オブ

日々を華やかにしてくれる
大人の器と雑貨のお店

札幌市中央区南6条
西23丁目3-12
tel.011-533-2334
(HP)

営業時間
10:00 〜 18:00
定休日
無休
駐車場
あり

店内で何気なく使われている堂前さんの花器。空間がとても華やかになります。

函館在住の陶芸家・堂前守人さんが主宰するショップ兼ギャラリー。器はもちろん、ランプシェードや陶板のサイン、エントランスのタイルなど、ほかでは見られない作品が並びます。堂前さんの作品のほか、洞爺湖町在住の渡辺三重さんや、砥部焼、丹波焼など、全国からセレクトされた陶製作品も。また、繊細な刺繍が美しいデルフィの服やカバン、チベタンラグ、アクセサリーやストールなど手しごとの服飾品やインテリア雑貨も扱っています。大人の女性のおしゃれ心をくすぐる個性的なラインナップで、自分へのご褒美にと思えるものばかり。落ち着いた雰囲気が南円山の街になじみ、ご近所さんもふらっと訪れるのだとか。店舗は道路から少し奥まっているのでご注意を。

手しごとのもの

space1-15

● スペース イチ イチゴ

思いがけないものと出会える喜び
週末だけのお楽しみ

札幌市中央区南1条西
15丁目1-319
シャトールレーヴ
HP http://www.
space1-15.com/
駐車場
隣にコインパーキングあり

築40年程の古いマンションに様々な個性のお店が集う場所です。工房や雑貨、洋服にアクセサリー、お菓子、カフェ、そしてしっかりしたご飯まで、20店舗以上のショップが入居しています。2009年のオープンより、この場所からスタートして飛び立ち、そしてまた新たにお店を始める人が入居して…と変化し続け、常に新しい風をもたらしてくれる場でもあります。週末に開店するスタイルなので、初めての人はオープン店の多い土曜日がおすすめ。イベントシーズンになると出店のため休むお店も多いので、HPなどで事前にチェックしてください。

〈マンションへの入り方〉
オートロックのマンションなので、まずは目的のショップのチャイムを押して中から開けてもらいます。皆さん「どうぞ」と気軽に開けてくれるので、気負わずにチャイムを押しましょう。まずはそのお店へ、その後は自由にほかのお店もめぐってみて。

SHOP LIST

＊マークは個別掲載あり

- 201＊ Anorakcity Störe
  [ヴィンテージ・オリジナル雑貨] ／木・金・土・日　13:00-18:00
- 202　miel [お菓子] ／土・日　11:00-18:00
- 203＊ 闇月創房 [真鍮・銅細工] ／木・金・土・日　11:00-19:00
- 205＊ マーノ [器] ／金・土・日　13:00-18:00
- 207＊ yurarika [布雑貨] ／木・金・土・日　13:00-18:00
- 301＊ Coin [ファッション・雑貨] ／木・金・土・日・月（隔週）12:00-19:00
- 302　整体かえる堂 [整体] ／火・水・木・金・土・日　12:00-24:00（予約制）
- 303＊ 書庫303 [雑貨・カフェ] ／土・日　13:00-18:30頃
- 305　losika [植物] ／木・金・土・日　13:00-18:00
- 306＊ 点と線模様製作所 [オリジナル布] ／木・金・土・日　12:00-18:00
- 401　KITCHEN TOROIKA [軽食堂] ／木・金・土・日　12:00-20:00
- 402　Snow blossoms [ジュエリー] ／木・金・土　13:00-18:00
- 403　ニセコ 松風 [和菓子] ／予約制
- 405＊ トロッコ [量り売り] ／土・日　13:00-17:00
- 406＊ F1/6 エフロクブンノイチ
  [ファッション・雑貨] ／木・金・土・日　13:00-18:00
- 407　showcase room [紙もの雑貨] ／2018年2月末時点改装中
- 501　タケチャス・レコーズ [レコード] ／木・金・土・日　13:00-19:00
- 503　CAPSULE MONSTER [洋菓子] ／金・土・日　12:00-19:00
- 506　"allō?" [写真教室] ／予約制
- 507　CAPSULE MONSTER CAFE [カフェ] ／2018年4月オープン、詳細はHPで
- 605＊ がたん ごとん [ほうき] ／木・金・土　12:00-17:00
- 805　アトリエ Provi [彫金] ／予約制
- 806　B・C・S＋麺 [雑貨と麺] ／木・金・土・日　12:00-19:00

201
Anorakcity Störe

店主の金内健太郎さんが世界中からセレクトしたこだわりのものが並びます。odd pears の3足組ソックスはオーストラリアから、ミリタリーウェアはイタリアやオランダなど様々な国からのもの。ストーリーを聞いていると旅した気分に。

203
闇月創房

房主・逸見茂樹さんの真鍮や銅を使った作品が並ぶ工房兼ショップ。扉を開けると糸のこぎりのキコキコという音が小気味良いです。名前やメッセージなどの刻印もできるので、贈りものや記念の品がほしいときにおすすめ。

205
マーノ

陶芸家・杉田真紀さんの陶工房とギャラリー。素朴さとモダンな雰囲気を持つシンプルな器が静かに並びます。マットな生成、深い紺色、ラベンダーの3色展開。どんな空間にもなじみ存在感もある深い色合いが素敵です。

207
yurarika

店主の小島美樹さんがつくるオリジナルの布雑貨とソーイング素材を扱っています。自分でつくりたい人向けにソーイングのクラスも開催しており、初心者から上級者までの4コース。200種類程ある型紙は購入できます。

301
Coin

店主の東知聖子さんがセレクトする洋服や雑貨は、身に着けるときはもちろん見ているだけで、もっとおしゃれを楽しまなくては！という高揚感に包まれるものばかり。「オールドマンズテーラー」や「クリポテラ」などここならではの品や、月ごとに開催される企画展ではこの時だけのものがお目見えするので要チェックです。

306
点と線模様製作所

テキスタイルデザイナー・岡理恵子さんのオリジナルの生地や布小物を扱う直営店。北海道の風景や植物、生き物をモチーフにデザインされた布に幼い頃を思い出すのは育った風景が一緒だからでしょうか。様々なメーカーなどともコラボし、全国でも大人気の岡さんのデザイン。北海道に暮らしているのがうれしくなります。

303
書庫 303

オーナーが趣味で集めた「売らない本」が壁一面に並ぶ、まさに「書庫」のお店。ネルドリップの珈琲を奥のカフェスペースで楽しめたり、作家ものの雑貨や、店長の山口詩織さんの小さくて繊細なアクセサリーも並ぶ大人の空間です。

405
トロッコ

調味料やオーガニックコットン、洗剤、電線など、様々なものを量り売りしています。何かを考えるときのものさしとして方向を示してくれる本や品物なども。「もの」だけではない何かを、心の中に連れて帰れるような不思議なお店です。

406
F1/6 エフロクブンノイチ

「hacu」の靴下や「えみおわす」の服をはじめ、店主の東藤由美子さんがセレクトした手しごとのもの、オリジナルの冷え取り靴下などが並びます。どれもやさしく包み込んでくれる温かさと丁寧さを感じるものばかりです。

605
がたん ごとん

中津 箒のつくり手、吉田慎司さんのアトリエショップ。無農薬有機栽培されたホウキモロコシを使い、北海道の草木や藍で染めた糸で一つひとつ編まれている箒は、全て一点もの。箒のほか詩集も扱っています。

北国のもの

冬の北欧を旅したとき、北海道の冬の景色とよく似ていて、暮らし方や風景に似合うものもとても近いのではと親近感を抱きました。北海道の素材や風景をモチーフにつくられたものと北欧のものを扱うお店を紹介します。

D&DEPARTMENT HOKKAIDO by3KG

●ディーアンドデパートメント ホッカイドウ バイ スリーケイジー

世代を超えて愛され続ける
日用の逸品を探しに

札幌市中央区大通西
17丁目1-7
tel.011-303-3333

HP f ◎

営業時間
11:00 〜 19:00
定休日
日・月曜（月曜が祝日の
場合は火曜休）
駐車場
あり

日本各地の織物産地に保管されていた生地を再利用したバッグ。生地に限りがあるので希少です。

「ロングライフデザイン」をコンセプトに家具や日用品を紹介する「D&DEPARTMENT PROJECT」の地方拠点第1号店。全国の選りすぐりはもちろん、地元のものもたくさん紹介しているのが特徴です。北見のハッカ油やガラナ、小さなクマの木彫りなど、昔から親しまれている北海道のロングライフデザインのものに、高橋工芸の木の器、工藤和彦さんの陶器、豆灯の珈琲豆などこれから親しまれ続けていくであろう商品も。観光客も多く訪れるといい、その土地の逸品を探す場所として定着しているのかもしれません。「d design travel」という47都道府県のものをまとめたおしゃれな観光ガイドも発行しています。それぞれの地域をかなり深堀りした内容なので旅行の際に参考にしてみてはどうでしょうか。2017年6月に建物全体が「庭ビル」として生まれ変わりました。近々屋上に庭ができるそうなので、目が離せません。

北国のもの

2階にある「えほんとおもちゃの専門店 ろばのこ」。
ディスプレイもかわいらしくて素敵。

piccolina

● ピッコリーナ

心に灯りをともしてくれる
北欧のいろどりある暮らし

札幌市中央区南1条西
1丁目2 大沢ビル4F
tel.011-212-1766

HP f ○

営業時間
11:00 ～ 19:00
定休日
水曜
（買い付け期間は休み）
駐車場
なし

デンマーク The Dybdahl 社の昔のデザインを復刻したミニアートポスター。繊細でとてもきれい。

このお店を訪れるといつも春が来たときのわくわくする気持ちを思い出します。店主の金内智美さんがスウェーデンやデンマークを中心に各国で買い付けするヴィンテージの食器や雑貨は、植物や風景、動物のモチーフのものが多く、色合いがとてもきれいでかわいらしいです。でも、ただかわいいだけではなく、大人の女性にも似合う上品さも兼ね備えているようにも思えます。また、金内さんが素敵だなと思うアメリカやフランス、日本の雑貨も並びますが、そのセレクトは「暮らしを楽しむ」という北欧の人々の感性をより感じられる空間になっています。イースターを楽しんだり、夏至に北欧の料理を食べるスウェーデン食堂、クリスマスのリースづくりなど、文化を伝えるイベントも開催。そして何より北欧などの雑貨や文化がどんなに素敵なのかを語る金内さんがとてもキラキラしていて、こちらまで楽しくなってしまうのです。

スウェーデン Hattestrand ceramic（ハッテストランド セラミック）のフラワーベース。日本での扱いはここだけ。

北海道くらし百貨店

●ホッカイドウクラシヒャッカテン

世界に発信したい
北海道の魅力がつまった場所

札幌市中央区南3条西
5丁目1-1 NORBESA 1F
tel.011-223-3566

営業時間
10:00 〜 23:00
定休日
なし
駐車場
なし

スープやコーヒー、はちみつなど手頃で幅広いパッケージもかわいいオリジナル商品も。

北海道をテーマにしたライフスタイルショップ。観覧車のあるビル、ノルベサ1階に2017年6月にオープンしました。道内の魅力ある素材を日本・世界の日常の暮らしに届けたいと、企画やデザイン、施工、運営にかかわる人全てが北海道なのだとか。白樺の木立をイメージするなど、こだわった内装デザインも楽しめる広い店内は、クラフトや雑貨、食品、キッチン＆デリと大きく3つに分かれており見ごたえたっぷり。クラフト・雑貨コーナーには器や、ポーチなどの服飾アイテム、スキンケア商品など作家ものから企業プロダクトまで幅広く揃い、食品コーナーには野菜や肉・チーズなどの生鮮食品、地ビールやワイン、調味料、冷凍食品と充実の品揃えで、日用使いできるものもたくさん並びます。お土産にも買いやすい小分けのものが多く、23時と遅い時間まで営業しているので観光の方にもおすすめです。

キッチン&デリでは道産食材をメインに使用したスイーツや食事、地酒が楽しめます。

Siesta Labo.

●シエスタラボ

やさしさに包まれた
こだわり素材の手づくり石鹸

札幌市中央区南1条
西12丁目4-182
ASビル1F
tel.011-206-0710
HP f ⓘ

営業時間
11:00 〜 19:00
定休日
火曜
駐車場
あり

作家のアクセサリーなども扱っており、po-to-boさんのオリジナル作品などここだけというものも多いです。

手づくり石鹸工房サポンデシエスタの直営店。札幌産はちみつ、下川町産トドマツ葉油、上富良野町産ラベンダー精油、北見産和種薄荷精油、十勝産アズキ、小樽産酒粕など、こだわりの北海道の素材を使った商品がたくさん。同店の探求心は世界へも向いていて、モリンガオイルを採用するため採取工程の見学にフィリピンの農園まで足を運ぶほど。そんな広い視野でみても北海道の素材はとても良いのだといいます。日焼け止めやクレンジングなどのスキンケア商品やオーガニックコットンのタオルなどの日用品も同様です。使いやすいようにお試しサイズのプチ石鹸や、たくさん使えるブロック石鹸、フレグランスの量り売りなど気の利いた品揃えもうれしいです。ラッピングも素敵なので贈り物にもぜひ。

presse

● プレッセ

手しごとから生まれる
豊かな時間を楽しむ

札幌市中央区南3条
西26丁目2-24
もみの木SO 2F
tel.011-215-7981

(HP)

営業時間
12:00〜18:00
(日曜は17:00まで)
定休日
月曜
駐車場
あり

ビンテージの壁掛けやオブジェ、カゴなど、インテリアのアクセントになるものも。

オーナーの須藤由加さんが年に数回スウェーデンやフィンランド、バルト三国へ旅し買い付けてくるヴィンテージの日用品や雑貨はどれもやさし気で洗練された雰囲気をもっています。その中でも驚くのは、たくさんの毛糸。デンマーク製を中心にアルパカ、リネンと様々な種類の美しい色合いの毛糸が並びます。スウェーデンにある手しごとの学校に通ったことから、自分でも編み物を始めたという須藤さん。工場へも赴き、糸のつくり方などを見せてもらったのだそうです。編み物を知ってもらいたいとワークショップも行っています。日常の隙間の時間を、自分や誰かのために何か形にする時間に使うのはとても豊かですよね、とのお話に、自分もちょっと手を動かしてみたいなと思いました。

051

Finland select shop vaasä

●フィンランドセレクトショップ ヴァーサ

大好きなフィンランドでみつけた
素朴な雑貨たち

札幌市中央区南15条
西8丁目1-32 2F 右
tel.011-563-0722
（イベント日のみ）
Ⓗ Ⓕ Ⓘ
営業時間
12:00〜16:00
（イベント日のみ営業）
定休日
水曜
駐車場
なし

木でできた小さなオブジェ
や白樺のかごなど素材感の
あるものも多く、ほっこりし
た気分に。

15年前、フィンランドで2カ月半ほど過ごしてから素朴でやさしい人々が大好きになり、以来、年に数回通い続けているというオーナー。古いものが好きで、ビンテージをメインにフィンランドのものを仕入れて紹介し続けています。マリメッコのファブリックやアラビア社のカップ、ムーミンのアイテムなどフィンランドならではのなじみのあるものも多く扱っていますが、なるべく日本未入荷や廃盤となっているものを仕入れているとか。ロフトのある高い傾斜天井や木枠の窓が素敵で、外国へ来たかのような雰囲気のこの場所は、オーナーが一目惚れして借りることを決めたといいます。こちらはイベント日のみの営業ですが、大丸百貨店7階に常設コーナーがあり、円山店も時々開いています。

北国のもの

チエモク

● チエモク

北海道の木でつくられた
暮らしに寄り添う木工品

札幌市中央区南2条西
23丁目1-27
チサンマンション円山
裏参道1F
tel.011-676-3015

HP f ig

営業時間
11:00〜18:00
定休日
月曜
（祝日の場合は営業）
駐車場
なし

赤ちゃんから使える「もりのともだち」シリーズ。
お祝いの品としても喜ばれています。

木をモチーフにしたエントランスがかわいい木工メーカーの直営店。ヒット商品の黒板消しストラップは見たことがある人も多いのでは。つくっているのはとても小さな木工品やお皿、カップなど日用のものです。全て道産木材でつくられており、木の色を活かすため着色はしていません。樹種が書いてあるものも多く、木の特長が学べるのも素敵です。毎日気兼ねなく使えるようにと、木の器やお皿の表面には液体ガラスのコーティングが施され、カレーのような油分の多い料理でも汚れがつきづらく長持ちするのだとか。素朴な風合いを壊すことなく安全な最新技術を追求しているところもいいなと思いました。名入れのオプションは贈り物に好評で、道内の木工作家作品も扱っています。

053

グリーンを取り入れる

空間にグリーンがあると、気持ちがゆったりとしますよね。
最近では住宅だけでなく店舗やオフィスなどでもインテリアに
たくさんのグリーンを取り入れるシーンが増えてきました。
グリーンのあるインテリアを目にする機会も多く、
素敵だと思うけれど、どこで購入できるの？ という人も多いはず。
ここでは観葉植物をたくさん扱っていて参考になるお店を紹介します。
植物も種類や形など様々。
何店か回ってみて自分のお気に入りと出会えたらいいですね。

AROUND THE CORNER
● アラウンド ザ コーナー

週末だけのお花屋さん
花とグリーンを一緒に楽しむ

札幌市中央区南１条西
28丁目1-6
祐興ビル1F
tel.011-616-8755
HP f ◯

営業時間
10:00 〜 18:00
(金曜は〜 22:00)

定休日
年末年始

駐車場
あり (2000円以上購入で1時間無料)

個性的な鉢や雑貨が見られるのも楽しいです。

名前のとおり、交差点の角にあるお花屋さん。家族が集まる週末に新鮮なお花を楽しんでほしいと、オープンするのは金・土・日曜日の３日間（ネット販売や予約受付などは毎日）。入ってすぐの花のコーナーはヨーロッパの街角のような雰囲気がかわいらしく心が躍ります。さらに奥へ進むと観葉植物のコーナーが。どれもきちんと鉢に入っていて、家で飾るイメージができるようなディスプレイです。一つひとつに育て方を書いたカードが添えられ、とても丁寧に扱われているのが伝わります。ブライダルのコーディネートやお花のレッスンもしていますよ。

DELL GARDEN CONIFER

●デルガーデン　コニファー

ユーモアあるディスプレイに和む
裏参道のフラワーショップ

札幌市中央区南1条西
21丁目1-16
マイアトリア裏参道1F
tel.011-614-3787

(HP) f ◯

営業時間
9:00～19:00
定休日
なし (1/1～1/3休み)
駐車場
なし

季節ごとに展開するディスプレイアイテム。
珍しいものがたくさんあって楽しめます。

通りから見えるグリーンに惹きつけられたことのある人も多いはず。鮮やかな緑色は地下へと続く吹き抜けに連なり、所狭しと観葉植物が並びます。グリーンに包まれるシチュエーションに心癒されます。たくさんの植物の隙間に潜む、思わず微笑んでしまうようなディスプレイもちらほら見えて実に楽しいです。ほかではあまり見ない植物もたくさん扱っており、花やグリーンのコーディネートはもちろん、造園や店舗のグリーンディスプレイも数多く手掛け、センスの良さには定評があります。2018年で22年目を迎え、合言葉は「花と緑で世直し」とか。スタッフが気さくなので、気軽に質問できて雰囲気の良いお店です。春には花苗も並び店頭が華やかになるので、ぜひ立ち寄ってみてください。

055

Flower Space Gravel

● フラワースペース グラベル

カフェでくつろいでグリーン選び
ボタニカルガーデンのようなお店

札幌市中央区旭ヶ丘
4丁目1-11
tel.011-552-4187
HP Ⓘ

営業時間
9:30 〜 19:00
（カフェは10:00 〜
18:00）

定休日
なし

駐車場
あり

店内ではカフェスペースもありソフトクリームやパフェ、ドリンクなどを楽しむこともできます。

藻岩山麓通り沿いにあるフラワーショップ。吹き抜けの大きな店内にはびっしりと植物が並び、奥には温室も。まるで植物園のようなお店ですが、おしゃれな内装がまるでインテリアショップにいるようです。個人客はもとより、アパレル関係や美容室、ハウスメーカーなどからも依頼が多いのもうなずけます。切り花から庭木まで、豊富な品揃えが特徴で、春には花苗のほかハーブや果実、野菜の苗なども並び、ガーデニングをする人で賑わいます。造園やドライフラワー、壁面緑化やフェイクグリーンのディスプレイと幅広く手掛けているので、まずは何でも相談を。どんな植物を購入するか決めかねている人には、部屋の状況や広さ、生活の様子などを聞いて提案してくれるのでお気軽に。

雑 貨

雑貨ってなんでしょうかと聞かれてもはっきりと答えられないのですが、雑貨はいつも私の生活に寄り添ってワクワクとした気持ちを与えてくれるものです。雑貨屋さんは心の糧を探しに行く、そんな場所だと思うのです。

ヒシガタ文庫

●ヒシガタブンコ

物語は本の中だけじゃない
ものを通して広がる世界

札幌市東区北25条東
8丁目2-1(ダイヤ書房内)
tel.011-712-2541
HP F ◎

営業時間
10:00～22:00
定休日
無休
駐車場
あり

2種のオリジナルの珈琲は、リトルフォートコーヒーのもの。ドロッピェのクッキーも。

ダイヤ書房の一角にあるヒシガタ文庫ですが、並ぶのは、生活雑貨や衣類、食品、文房具…。本と同じように商品の背景にある「物語」を伝えることも本屋さんにできるのでは、との思いからつけられた店名です。商品の脇に小さな文字でびっしりと書かれた説明書きからもそんな気持ちがあふれ出ています。珈琲ポットの横には珈琲にまつわる本、ムーミングッズには作者トーベ・ヤンソンの本と、商品に本が添えられているのも本屋ならでは。「物語」をより深く知ることができる仕掛けになっており、商品と一緒に贈りものにしたくなるような本をセレクトしているそうです。長野県・栄屋工芸店の鳩の砂糖壺や遠軽町でつくられたヒンメリなど手しごとのものもたくさんあります。北海道の作家ものや、道外のあまりほかでは扱い০ないものを仕入れているといいます。体験を大切にしたいとワークショップも開催しています。

雑貨

お子様連れの人にもゆっくりしてほしいと、遊び場も用意。贈り物にしたい子ども向けの商品も。

059

和田硝子器店

● ワダガラスウツワテン

プロに選ばれている器を
日々の食卓にも

札幌市中央区南1条西
12丁目4-182
札幌ASビル2F
tel.011-596-6154

HP f ○

営業時間
11:00 〜 18:00
定休日
火・日曜(不定休あり)
駐車場
なし

業務用の鍋なども。展示は少ないですが幅広い商品を取り寄せられるので相談してみては。

食器店や厨房機器を扱う仕事もしていたというオーナーの和田亜希子さんは、飲食店の器のプロデュースもしています。ガラスや洋陶器などたくさんの種類の器を一般の人にも紹介したい、そして飲食店などの専門の人にも手に取ってみてもらえる場所を提供したいとの思いから、2014年にこのお店をオープンします。様々な業態のお店に対応できるよう、お酒用のグラスはワイングラスだけでも数十種が並びます。また、華やかさのある魅せる器も多く、ディスプレイはテーブルセッティングの参考にもなります。ホテルやレストランなどでも使われていると聞くと、価格も高いのかなと思いがちですが、想像以上にリーズナブルなお値段に驚くはず。気兼ねなく日用使いができる器に出会えると思います。和田さんはディスプレイしていないものでも情報をたくさん持っているので、気軽に相談してみてください。

雑貨

人気のクチポール・ゴアのピンクマットゴールドは珍しい。
一歩踏み込んだ品揃えは専門店ならでは。

il dono

●イルドーノ

ここでしか出会えない
とっておきを探しに

札幌市南区南 30 条西
8丁目 5-1
tel.011-582-8683
HP F ◎

営業時間
11:00 ～ 18:00
定休日
火曜・毎月最終水曜
駐車場
あり

FUTAGAMI の真鍮のスイッチプレートや表札など。様々なデザインから選ぶことができます。

「il dono」（イルドーノ）とはイタリア語で「贈り物」という意味。その名のとおり大切な人にプレゼントするときにぴったりな逸品が見つかるお店です。器をはじめ、道内外の手しごとの作家作品と椅子やテーブルなどの家具、タオルや照明器具など、品の良い暮らしの道具が並びます。作品を預かる際はじっくりとお話しを伺っていますと、店長の福田愛さん。商品のセレクトは全て代表の阿部さんが行っているのだそうです。個展や企画展のほか、体験型のワークショップなども積極的に開催しているので気軽に参加してほしいといいます。道産材を使ったオリジナルのテーブルやソファ、匠工芸・宮崎椅子製作所の椅子などを展示しているスペースもあるので、家具をご検討の際はそちらもお見逃しなく。千歳や北見にも店舗がありますが、それぞれ扱う商品が違うのでドライブがてら足を延ばしてみるのもいいかもしれませんね。

雑貨

地下1階にはワイン蔵も。購入が可能で、併設のレストラン
「オステリア イルドーノ」でも楽しめます。

METROCS Sapporo

●メトロクス サッポロ

長く使い続けられる
世界の良品が揃うショップ

札幌市中央区大通西
26丁目1-18
円山アーク1F
tel.011-615-8777

営業時間
12:00～19:00
(日・祝日 18:00まで)

定休日
木曜

駐車場
なし

菊地流架さんによる真鍮のLue
ディナーセット。専用クリップで
ひとまとめにできます。

国内外の優れたデザインプロダクトを扱うお店。独自の視点でセレクトされたアイテムは、スマートながらも暮らしに寄り添う実用性のあるものが多いです。店内に入ってまず目につくのがワークチェア。ウィルクハーンやハーマンミラーなどを北海道の正規代理店として扱っています。座り心地を確認するため、遠方から訪れる人も多いとか。また、壁一面に備え付けられているのはスウェーデンのシェルフシステム「string」。2017年より日本での販売が始まったため最近よく目にしますが、こちらではすでに11年から扱っていました。ほかではまだ見かけないデスクも見ることができます。国産のプロダクトも揃い、白山陶器のブルームシリーズや平形めし茶碗などは定番です。また、アルド・ロンディのリミニブルーやイームズのバードなどのオブジェもあり、インテリアのアクセントになるものもおすすめです。

雑貨

200台限定のボビーワゴンのマスタードイエロー。レアなものも登場するのでこまめにチェックを。

OWN WAY CAFE

●オウン ウェイ カフェ

ゆったりと過ごしたい
雑貨に囲まれた和みのカフェ

札幌市北区百合が原
7丁目9-25
tel.011-788-3833
HP f ⓘ

営業時間
11:00 ～ 19:00
定休日
不定休
駐車場
あり

黒蜜きなこのフレンチトースト。ケーキやパフェなどどれもおいしそうで迷ってしまいますよ。

16年目を迎える老舗の雑貨カフェ。2017年1月に移転しました。オーナーの西澤絢子さんが床を塗装し、漆喰を塗るなど自ら手を入れた内装は、ヴィンテージ感が漂い、友人の家を訪れたようなくつろぎの雰囲気です。主に西澤さんがセレクトした雑貨とハンドメイド作家の作品を扱っています。また、年2回開催される雑貨マーケットはいつも大盛況。最近はより身体にやさしい商品が増えているといい、ビルデサボンのハンドクリーム、丸駒温泉のスキンケアシリーズ、湯布院のハチミツ屋さんがつくっているジンジャーシロップなどレアなものも揃います。カフェでは食事とスイーツが楽しめ、ごはんものにパスタ、トーストと種類も豊富。どれもおいしくてボリュームも満点です。

雑貨

ひとめ惚れ雑貨店 toitoitoi

● トイトイトイ

思わず笑顔がこぼれる
ユーモアあふれる品々がたくさん

札幌市東区北8条
東15丁目1-22
tel. なし
(HP)
営業時間
12:00～18:00
定休日
不定休
駐車場
あり

お店の片隅にあるスマートボール。盤面に描かれたオリジナルのイラストがとてもかわいい！

通りからの細い小道を下ったところにある、木々に囲まれた赤い屋根の古民家。のりおさんとアサミさんご夫妻が一目惚れしたものを集めてはじめたお店には、古い包装紙、カッコいい文房具、紙の箱、古物のカゴ、引き出しや棚など様々なものが並びます。どれも「ちょっと力を抜いてみない？」と語りかけているようで何とも心が安らぐものばかり。「ネクタイ」というご夫妻のユニットがデザインした、レターセットやカードなどのオリジナル商品も遊び心がたっぷり。以前は街の中心部のビルにありましたが、3年程前に現在地に移転。ゆったりとした古家の雰囲気がお二人にはとても合っているそうです。2018年春にはリニューアルの予定とか。ぜひ足を運んでみてください。

067

RIITO こどうぐ店

● リート コドウグテン

子どもと一緒に選びたい
つくるためのこどうぐ

札幌市中央区北1条西
18丁目1-52
ギャラリー市田ハイツ
102

Ⓗ Ⓕ Ⓘ

tel.011-622-1333

営業時間
11:00 〜 17:00

定休日
日・月曜

駐車場
なし

Yarn holder box オリジナルの糸玉のための箱。ほかに贈りもののための小さな箱もあります。

文具や手芸道具、工具、玩具など何かをつくり出す小さなものたちと、それらをしまう容器や箱を扱うお店。こどうぐの「こ」には、手で持つ「小さな」と、「子どもに贈りたい」との二つの意味を持たせていると店主の赤根玲さん。手を動かしてつくる楽しさと、そこから生まれたものを贈る喜びの時間をつくり出せる道具をセレクトしているとか。子どもたちにも道具に親しみや愛着を持ってほしいと、小さい子どもが扱えて、大人になっても使い続けられるものも。LINEXの文房具やHAZETの本格工具、Knitpro dreamzの編み針など、ちょっとレアなラインナップにもわくわくします。菓子箱を裁縫箱にしたり、刺繍枠をフォトフレームにするなど、違う視点での使い方を提案しているのも面白いです。

雑貨

OLD 1 PLUS

●オールドワンプラス

上品でクラシカルな
大人の女性の暮らしのアイテム

札幌市中央区南2条西
26丁目3-10 B1F
tel.011-676-3112

営業時間
11:30 〜 17:00
定休日
不定休
駐車場
あり

バッグにバスケット、日用使いできるものと様々な形のカゴがたくさん。ディスプレイも参考に。

一見、住宅のような外観の建物。ガラスの扉を開け地下へと下りるとお店があります。オーナーがセレクトしたイギリスやフランスのアンティークやブロカントと、その空気感に合う雑貨や洋服を扱っています。ステンドグラスやレースなど甘くなりがちなアイテムでも、シックなテイストにつくり上げられているディスプレイはインテリアのヒントになるところがたくさん。ディスプレイボックスやトレイ、カトラリー、フックなど真鍮のものも多く、ヨーロッパのアンティークテイストが好きな人にはぜひ訪れてほしいお店です。とはいえ、値ごろ感のあるものが揃っているのがうれしいところ。リネンのクロスや器、キッチンアイテムなどの日用の品もあるので気軽に訪れてみてください。

069

Queserán Pasarán

● ケセランパサラン

茶目っ気に心和む
小さな陶器の雑貨たち

札幌市西区二十四軒
4条2丁目9-28
栄光ビル2F
tel.090-6873-3770
(HP)

営業時間
11:00～17:00
定休日
不定休
駐車場
なし

TOMOKO CHIBA さんの刺繍小物や、古グマさんのアクセサリーなど個性的でお洒落な作家作品も。

ビルの赤い扉から2階へ上がると、陶芸作家・石原里佳さんのギャラリーショップです。器にとどまらず、ボタンやアクセサリー、小さな動物のオブジェなど陶芸の枠に収まらない作品が並びます。独特なのが色づかいと動物たちのシュールな表情。淡々と生きる動物たちの姿がユーモラスで温かな雰囲気で描かれ、何ともいえない魅力のある作品となっています。2017年12月から工房のスペースが広がり、ショップスペースが小さくなったので来店したことのある人は驚いちゃうかも、と石原さん。それでも、小さな小さな作品があちこちに散らばっていて隅々まで見逃せません。一つひとつ異なる表情を見ながらどれにしようかと考えていると時間が経つのを忘れてしまいます。

雑貨

Le chant du coq

●ルシャンデュコック

フランスのブロカントと
ヨーロッパのセレクト雑貨

札幌市北区北19条西
4丁目2-24
片野ビル1F
tel.011-717-6188
HP Ⓘ

営業時間
11:00〜19:00
（1〜3月 18:00まで）
定休日
火曜
駐車場
なし

ナポレオンⅢ世時代のメリッサ（レモンバーム）シロップを飲むためのセット。繊細な金彩がとてもきれいです。

店主自らフランスで買い付けてくるブロカントとセレクト雑貨のお店。今年で17年目を迎えます。ブロカントとは「美しいガラクタ」の意。店主の目利きで選ばれたものは、大人の女性の心をくすぐる、品が良くてちょっとかわいいものばかりです。動物や果物、草花がモチーフのものも色味を抑えてあり、インテリアにも取り入れやすいのがうれしいところ。ほかに、ヨーロッパの現行品のテーブルウェアやカトラリーなども種類豊富で落ち着いた使い勝手の良いものが揃います。最近はオーストリアのアクセサリーも仕入れており、ここにしかないひと品との出会いも楽しみ。クリスマスシーズンにはキャンドルやオーナメントなどのデコレーションパーツが増え、シックなアイテムが揃いますよ。

bluetulip

● ブルーチューリップ

インテリアのヒントがたくさん
花と緑と雑貨の老舗店

札幌市中央区南19条
西16丁目7-10
tel.011-561-5174

HP f ○

営業時間
10:00～18:30
定休日
年末年始、棚卸しの日
駐車場
あり

寄せ植えも、鉢や植物の
セレクトがとてもお洒落。
参考になるディスプレイ
があちこちに。

まもなく25年を迎える老舗の雑貨店。器や調理道具、調味料などのキッチン雑貨、洋服に文具、照明と、幅広いラインナップで女性の心をくすぐる愛らしい雑貨が所狭しと並びます。とはいえアンティーク調のシックなもの、シンプルな普段使いのものと、甘すぎないテイストも揃うのがうれしいところ。小ぶりな観葉植物や、春には花の苗も販売され、ガーデングッズも豊富。室内でインテリアのアクセントに使える鉢やカゴ、ガーデンオーナメントも扱っています。フェイクグリーンやアートフラワーも多く、様々な形で生活に花やグリーンを取り入れる提案をしているので、植物を育てるのが苦手な人もぜひ。お隣の「Café Blue」は姉妹店。パスタやパンケーキ、ワッフルが楽しめます。

雑貨

TSUTAYA 美しが丘店

● ツタヤ ウツクシガオカテン

ご近所さんが羨ましくなる品揃え
地域密着型 TSUTAYA

札幌市清田区美しが丘
3条4丁目1-10
tel.011-886-1111

HP f ○

営業時間
9:00 ～ 24:00
定休日
無休
駐車場
あり

商品に関する本も紹介しているのは本屋ならでは。椅子やテーブルでじっくり選べます。

ツタヤが全国で展開しているブック＆カフェ。同店もその形態ですが、ちょっとほかと違うのはカフェのMORIHICO、円山ジェラート、felieeds（フィリーズ）と札幌の人気店が入り、道内クリエイターによるイベントやワークショップが開催されるなど地域密着型の展開をしているところ。また、店舗奥の雑貨コーナーも充実し、日用・キッチン雑貨、服飾品、食品、玩具と幅広い品揃え。加えてメイド・イン・ジャパンのクラフト作品にマリメッコ製品、DANSKの鍋など北欧ブランドの人気雑貨やデザイン家電、最新のトレンドものが一挙に揃うセレクトです。店内の10カ所を超える企画コーナーは、いつでも楽しめるようにと、こまめに入れ替えをしているのでお見逃しなく。

073

cheer

● チアー

がんばっている自分へ
とっておきになる、ひと品を探しに

札幌市厚別区青葉町
2丁目1-6
tel.011-893-7797

営業時間
11:00 〜 16:00
定休日
不定期営業
（事前確認を）
駐車場
あり

温かみのある素朴な風合いの器たち。札幌の陶工房もえれのほか、全国各地からセレクト。

古家を改修した店舗は、シンプルな空間に古い家具が映え味わいがあります。小さな窓やニッチ、残された柱を効果的に使った間仕切りなど、取り入れたい要素がたくさん。そこに並ぶのは、オーナーの畠山リササんがデザインし、直接縫製工場へ発注するオリジナルの洋服や日常使いの小さな道具。こだわりの洋服はリネンが多く、購入してすぐに気持ち良く着られるようにと、一度洗って柔らかさを出しています。手の届かない高価なものではなく、ちょっとしたご褒美にできるくらいの価格にしているとのこと。店名には日々がんばって仕事や家事、子育てをしている女性を応援したいという気持ちを込めていると聞き納得です。東京・浅草には2号店があり、ウェブショップも人気です。

雑貨

WALL DECO SHOP KABEYA

● ウォールデコショップ カベヤ

DIYって意外と簡単!?
憧れの輸入壁紙が身近に

札幌市東区北32条東
18丁目6-10
tel.011-790-7272
HP f ⓘ
営業時間
10:00 〜 17:00
定休日
水・木曜
駐車場
あり

ドアや階段、家具など思いもよらない場所に貼ることができ夢が広がります。

DIYが好きな人には、ぜひ訪ねてほしい、輸入の壁紙と塗料を扱っているお店です。店内には約200柄の輸入壁紙を展示しており、マリメッコやウィリアムモリスなど憧れの人気のデザインも揃います。30〜40代の女性が多く訪れ、既にリピーターも多いとか。壁紙を貼ってはがせるタイプの糊も用意しているので、賃貸でも大丈夫。展示品はカット販売もしていて、ドールハウスなど、素材を探しに来る人もいるそうです。イギリスのアニースローンチョークペイントも扱いがあり、壁だけではなく家具の塗装なども相談できます。ワークショップも開催しているので、不安な人はぜひご参加を。自分では難しいという人には、施工も請け負っており、トータルなリフォーム工事もしています。

実践DIY
自分で壁紙を貼ってみました

一度やってみたいと思っていた輸入壁紙のDIY。75ページ掲載の
KABEYAさんで壁紙を購入し、自宅マンションで挑戦してみました。

今回壁紙を貼ったのは、玄関を入ってすぐの左側の一面。

選んだのはドイツraschのフリース素材の壁紙。これは結構リーズナブル。

KABEYAさんで道具をお借りしました。糊は購入。

①糊をつくります。少しずつ入れて混ぜるといいようです。40分ほどなじませます。

②その間に壁紙を天井の高さより少し長めにカットしておきます。

③壁に糊を塗ります。結構たっぷりめがいいです。隅は刷毛で。

④壁紙を貼ります。柄を合わせて余った部分はカット。
(糊をたっぷりつけると多少動くので画びょうで固定しましたが、無地の壁紙だと跡が目立つのでやらない方がいいかも)

⑤完成！
所要時間は糊づくりも入れて2人で2時間くらい。1人でもできるし、慣れればもっと早くできるのでは。

※乾くと少しつなぎ目に隙間ができるので、初心者は柄が入っている方が目立たないかも。
※本当に貼ってはがせるのかなと思い、別の場所に小さく貼ってしばらく置いてからはがしてみましたが、下のクロスがくっつくこともなくパリパリと簡単に剥がれました。

＊KABEYAさんでは輸入壁紙の張替え体験を定期的に開催しています。素材や工具の使い方の説明のほか、壁一面を使い実際に張替えの体験ができます。

①

③

④

⑤

家 具

仕事をして、食べる、くつろぐ、寝る…。私たちは、生活の多くの時間を家具に触れて過ごしています。その間、気に入ったデザインや心地良さに身をゆだねられたらきっと暮らしは豊かになるはず。じっくりと家具探し、してみませんか？

NORTH FACTORY

● ノースファクトリー

家具に照明、パーツまで
今の「ほしい」があるお店

札幌市西区福井7丁目
14-42
tel.011-826-5725

営業時間
10:00 ～ 18:00
定休日
月曜（祝日の場合は営業）
駐車場
あり

ガラスから金属製と、ここまでランプシェードがたくさん揃っているところは少ないかも。

色合いがとてもきれいなCHALK PAINT(チョークペイント)。ワークショップも開催しています。

2017年4月に移転オープン。「こだわっているのは"素材感"や"質感"があること」と店長の岩波卿子さん。今年で22年目を迎える長く親しまれてきたお店ですが、いつ訪れてもトレンド感のあるものが揃います。また、変わらずに長く愛されている定番の商品もあり、時代に流されているという感じはありません。年代を問わず受け入れられるアイテムをセレクトするセンスもさすがです。スイッチプレートにフック、棚受け金具などのパーツも豊富で、新築の際に購入する人も増えているのだとか。どこに行けばあるの？というものがきっとここなら見つけられるのではないかと思います。また、照明器具の種類も豊富なので、検討中の人はぜひ一度のぞいてみてほしいです。こちらのお店はオーダー家具のイメージが強いですが、値ごろ感のある既製の家具も扱っており、比較をして決められるというのもとてもいいと思うのです。

GENERAL STORE SURVIVE

● ゼネラルストア サバイブ

インテリアにも
ファッションのようなこだわりを

札幌市中央区北3条東
5丁目5番地 岩佐ビル1F
tel.011-215-1561

営業時間
11:00 ～ 19:00
(土・日・祝日は 10:00 ～)

定休日
水曜 (祝日の場合は営業、不定休あり)

駐車場
なし

ダイニングまわりのインテリアアイテムやキッチン雑貨もディスプレイに使えるものばかり。

サッポロファクトリーの北向かい、市の景観資産でもある岩佐ビル1階の家具のセレクトショップです。ビルのレトロな佇まいとお店の雰囲気がぴったり。トレンドを取り入れた家具や雑貨がセレクトされ、流行のインダストリアル系やラスティック感のあるインテリアにもよく合うものが揃います。1960～70年代のアメリカヴィンテージ家具や雑貨を扱う「ACME Furniture」と「journal standard furniture」のアイテムを札幌で扱う唯一のお店です。ファッションのトレンドともマッチするインテリアは、あるだけで空間をハイセンスにしてくれるものばかり。男性にも人気のデザインなので、パートナーとインテリアの意見がまとまらないときも二人のお気に入りが見つけられそう。店舗にないものでも扱い商品は多岐に渡るのでぜひご相談を。新築や引越しを期に来店する人も多く、トータルでの提案も可能です。

家具

個性的でほかでは見ないようなペンダントやスタンドなどの照明器具も揃います。

カンディハウス道央

●カンディハウス ドウオウ

創業50年、世界に誇れる
北海道の家具メーカー

札幌市東区北13条
東1丁目1-15 N.BLDG
2・3F
tel.011-743-4445
HP f ◎

営業時間
11:00 ～ 18:30
定休日
水曜（祝日の場合は営業）
駐車場
あり

イッタラの器やオブジェ、ルイスポールセンの照明、コサインの時計や木小物なども。

旭川に本社を構える、日本を代表する家具メーカーの直営店。1968年の創業から2018年で50周年を迎え、国内14店舗に加え、ドイツやサンフランシスコにもショップを展開。北海道の家具を世界へと牽引するトップランナーです。世界的なデザイナーも起用し、最近では、nendoの佐藤オオキさんや深澤直人さんともコラボレーション。様々なデザイナーの要求に応えられる技術こそ、高い評価を受けている証です。公共施設や店舗などでも採用されているので、知らずして触れていることも多いかもしれません。長く使い続けられるデザインと技術が詰まった家具をつくるという信念から、自社のユーズド製品を修理・再生する「ヴィンテージ家具」の販売にも取り組んでいます。北海道エリアで扱っているのは道央店と旭川店の2店舗とオンラインのみ。身近で実物をチェックして購入できるのはラッキーです。

レストアされたヴィンテージ家具は全く古さを
感じず、高い技術に感心してしまいます。

Bisco

● ビスコ

迷ってしまうほどたくさんの
憧れのチーク家具

札幌市東区北10条
東14丁目3-3
tel.011-792-5547

営業時間
11:00 ～ 18:00
定休日
水曜
駐車場
あり

オリジナルの家具は3シリーズ。ダイニングテーブルのほか、シェルフやTVボードなども。

まず驚くのは、ディスプレイされている家具の数々。大空間の倉庫にも関わらず、時には積み重なりながら所狭しと並んでいます。海外の自社工場で制作された家具と、東南アジアのアンティークの家具を扱っており、工場にはまだストックが何千点もあるのだとか。家具に使用されているオールドチークは木目が美しく耐久性に優れ、狂いが少ないのが特徴。オリジナル家具も長く使い込まれたような味のある風合いです。家具のほか、器をはじめアクセサリーなどの作家作品、オリジナルのカッティングボードやオブジェなどのインテリアアイテムもあります。札幌パルコの3階に入っている「ククリノ」は姉妹店。こちらも家具や雑貨がたくさん揃っています。

家具

彩工房

● サイコウボウ

北欧名作椅子がたくさん
じっくり選べる家具の店

札幌市南区南38条
西11丁目4-12
tel.011-585-3333
HP ◎

営業時間
11:00～18:00（土・日曜は10:00～19:00）

定休日
水・木曜

駐車場
あり

数字のフォントがかわいい木製の時計など空間を和ませてくれる木のアイテムも揃います。

藻岩山の麓の住宅街にひっそりと建つ、オーダーテーブルをメインに椅子や収納家具、木工品を扱う家具のお店。なかでも驚くのが、展示されている椅子の数々です。ハンス・J・ウェグナーのYチェアやCH23、モーエンス・コッホのフォールデンチェアなど北欧の名品から北海道のイスワークス高橋三太郎さん、飛騨高山・柏木工などを加え40を超えるであろう椅子が揃います。これだけの椅子の座り心地を体験できるところはそう多くはありません。「見て触れて素材やサイズ感を把握しておくと、いざというときに満足できるものが選べるもの。無駄話をするつもりで来てほしい」とカウンセラーの畑山祐子さん。いつかは、と考えている人も気軽にのぞいてみてください。

085

澪工房

● ミオコウボウ

コラボレーションが新鮮
進化し続ける家具工房

札幌市白石区東札幌
２条４丁目8-18
tel.011-816-6797

営業時間
10:00 〜 18:00
定休日
水曜
駐車場
あり

ガラス作家・吉田絵里子さんのデザインのガラスを使った仏壇はインテリアとしても素敵。

札幌で造作家具といえば名があがる家具工房。シンプルながらどこかに遊び心と工夫があり、使い続けるほどに愛着となっていく…そんな家具をつくり続けています。もとより、鉄や革といった素材と木を組み合わせたデザインも多いのですが、最近はガラスや和紙、布、銅板に真鍮（しんちゅう）といった様々な素材を扱うクラフト作家とのコラボレーションが多くなってきました。異素材との組み合わせは、難しい試みではないかと思うのですが、代表の南勝重さんは工程や、作家のすばらしさを楽しそうに語ります。そんな変化し続けられる懐の深さが澪工房の特徴なのでしょう。作家ものや、澪工房セレクトの雑貨もあります。オーダーキッチンやリフォームなども手掛けているので興味のある方はぜひご相談を。

家具

SAC WORKS

● エスエーシーワークス

シンプルながらも
存在感あるオーダー家具

札幌市北区篠路町
篠路 391-4
tel.011-299-6426
HP ○

営業時間
11:00 〜 17:00
（ショールーム）

定休日
火・水曜

駐車場
あり

オーダーできるガラスも種類が豊富。樹種もチークのほか、ナラやウォルナットなど6種あります。

全国に多くのディーラーをもつ人気の家具ブランド。2015年に東区新道沿いから移転しました。田畑や倉庫、工場などが点在する一本道の脇、大きなシルバーの製作工場に併設されたショールームは、板張りの壁の温もりあるエントランスと無骨な外観とのギャップがとてもかっこいいです。ミッドセンチュリーや北欧モダンスタイルを思わせるデザインが特徴で、ビンテージ感のあるインテリアにもよくなじみ、ファッションやインテリアにこだわりを持つ男性にも好まれそうです。すべての家具は設計から加工、塗装までを自社工場で一貫して製作。そのため、オリジナルデザインをベースにセミオーダーやフルオーダーも可能です。素材を見ながら選べる楽しさはショールームならではです。

087

木心庵

● キシンアン

木のことならなんでもござれの
老舗木材店

札幌市豊平区豊平
5条6丁目1-10
(河野銘木店)
tel.011-822-8211

営業時間
9:00 〜 17:00
(土・祝日 10:00 〜)

定休日
日曜

駐車場
あり

数百円からの小さな板材も豊富。ちょっとした棚板から気軽に探しに行ってみては?

木材店と聞くと尻込みしてしまう人も多いかもしれませんが、木が好きな人なら一度は足を運ばないともったいないお店です。入ってすぐに迎えてくれるのは、天井まで届く一枚板。所狭しと立てかけられた様々な木材の間を奥に進むと、ショールームがあり、椅子やテーブルなどが並びます。木材の販売だけでなく、家具のほか、キッチンや檜のお風呂、建具や茶室まで幅広く制作。プロはもちろん、個人のお客様も多く訪れるそうです。最近は、豊富に揃うクリやタモ、クルミなどの道産材を目掛けて訪れる人が増え、海外の人も多いのだとか。簡単な加工はすぐにできるので、声を掛けてほしいとのこと。「木材で困った時の最後の砦に」と職人さんが笑顔で語ってくれました。

家具

SIMPLE PLEASURE

● シンプル プレジャー

無駄のないシンプルな
デザインをお探しならここへ

札幌市東区北7条
東9丁目2-20
アリオ札幌 3F
tel.011-792-6656

(HP)

営業時間
10:00～21:00

定休日
年中無休

駐車場
あり

人気の革張りのソファは風合いやカラーバリエーションも豊富。背面までとても美しいです。

モノトーンの革張りのソファや鏡面仕上げのテーブル、エッジの効いた金属のフレーム…。店名そのままに、シンプルでモダンな雰囲気によく合うデザインの家具が揃います。旭川の工房で製作するオリジナル＆オーダーメイドの家具をベースに、海外からの輸入家具も幅広くセレクト。寸法はもちろんのこと、椅子の張地や素材、仕上げなども細やかに対応しています。高級感のある雰囲気なので敷居が高いように感じますが、シンプルでカジュアルな価格帯のものもあるのでまずはご相談を。ホームページには施工例がたくさん掲載されているので、イメージが湧きやすいかも。ディスプレイされている家具だけではない奥深さが感じられると思います。スタッフも気さくなので気負わずに声をかけてみて。

blocco

● ブロッコ

地元でつくられている安心感
オーダーソファの専門店

札幌市中央区北2条
東4丁目サッポロファ
クトリー 3条館 3F
tel.011-522-7212

HP F ◎

営業時間
10:00 ～ 20:00

定休日
12/31 のみ休館

駐車場
あり

ラグやクッション、テーブルなどソファ周りのアイテムも。色や生地がコーディネートできます。

石狩市に創業65年の自社工場を持つソファ専門店。ソファを検討する際は一度のぞいてみてほしいお店です。毎日長い時間を過ごすソファは座面の高さや硬さ、サイズなど、あとちょっと希望が叶えばもっと快適なのに…という声も多い家具のひとつ。同店はそんな悩みに丁寧に向き合うソファをつくっています。20のデザインと250色の張地、6段階のかたさのクッションに10種の脚と選択肢が広く、幅や高さも1センチ刻みでオーダーできるので、部屋や身体にぴったり合うソファを手に入れることが可能。ひっかきや汚れに強い張地、身長が違う人向けの足台など、高齢者やお子様、ペットのいる家庭でも安心の素材が揃います。2018年4月に琴似にもショールームがオープン予定です。

家具

sabisabi

● サビサビ

日々の暮らしに
旅するような楽しさと心地良さを

札幌市中央区盤渓
334-8
tel.011-676-7044
HP f ○

営業時間
10:00 〜 19:00
定休日
不定休
駐車場
あり

ナラ材のテーブル天板。木の個性としてあえて節を残しているところにトレンド感があります。

ソファやテーブル、チェアといった日常使いの家具のお店。道産のナラ材を主に使い、旭川で製作をしています。「旅をするような暮らし」をコンセプトにつくられたオリジナルの家具はシンプルで角の取れたデザイン。ソファは座面が広く床でくつろいでいるかのようにゆったりとした使い方ができ、圧迫感がないので日本の住宅事情にもマッチしそう。カバーリングが簡単に自宅で洗える仕様というのもうれしい配慮です。サッポロファクトリーにもショールームがありますが、盤渓本店は倉庫を利用した少しワイルドな雰囲気の店舗。場所柄、ドライブや、スキーがてらウェアのまま来店する人もいるとか。サンプル品やお値打ち品も本店にはあるので、検討する際はのぞいてみるといいかもしれませんよ。

北風 works

● キタカゼ ワークス

シンプルで優しい
時を超えて寄り添う家具

札幌市南区石山東
7丁目2-37
tel.011-557-7826

HP f ○

営業時間
14:00 〜 20:30

定休日
月曜

駐車場
あり

シンプルなフロアライトは
札幌スタイル認証製品。
ウォルナットやチェリーなど
の素材も。

家具職人・梅原紳一郎さんの工房兼ショールーム。自身でつくった内装は、パーケットフロアが印象的なやわらかで温もりある雰囲気。梅原さんの家具には「きちんと生活しよう」と思わせてくれる清々しさがあります。大学で建築を学び、家具の販売を経て東川町で9年程家具の製作に携わります。そして2012年に独立して工房をオープン。今年で7年目を迎え、無垢の木に天然の塗料を使った身体にも環境にもやさしい家具をつくり続けています。椅子やテーブルのほか展示しているシンプルな本棚やコート掛けなどもご相談くださいとのこと。店舗や施設からの大量注文もあるそうですが、「そういうのも結構得意です」と語る穏やかな笑顔の奥に強い職人魂を感じました。

家具

造作家具をオーダーする
北風worksさんに聞いてみました

自分や家族の生活スタイルにぴったりと合った家具は、
日々の暮らしをより豊かにしてくれます。でも、家具のオーダーって
「知識がないから難しそう」とか、「価格は?」「メンテナンスは?」など、
敷居が高いと感じている人も多いのではないでしょうか。
お店の人と話をしていると、一般の人にもわかりやすいように
工夫をしていたり、意外とお手頃な価格帯のものもあったり、
メンテナンスもそれほど難しくないなど、
最初から諦めてしまうのはもったいないと思いました。
そこで、「北風works」の梅原さんに、造作家具を依頼するときの
流れを聞いてみました。参考にしてみてください。

①コンタクトをとる
いろんな展示を見られて参考になるので、ぜひお店に行ってみましょう。(訪問もしているので、電話やメールでの問い合わせでも対応してくれますよ)

②ヒアリング
イメージを伝え、大きさや形状、木の種類などを決めていきます。その際、無垢の木の経年変化や風合いの違い、メンテナンス方法などを教えてくれます。イメージが決まっていない場合は、そのことを伝えると、いろいろと提案してくれます。合わせて家の広さや搬入経路なども確認してくれます。

③図面・見積書の作成
ここで大きさやイメージが確認できるので安心です。細かな点も相談してみましょう。

④入金確認後、製作

⑤製作
作業量や材料の入荷状況にもよりますが、1カ月半〜2カ月程かかるそうです。

⑥完成!
札幌近郊なら梅原さんが届けてくれるそうです。

ショールームの家具も参考に

木の種類も様々

図面で詳細をチェック

輸入家具と全国区のお店

輸入家具を扱うショップや、
全国で幅広く支持を得ているショップを紹介します。
安定したブランド力を保ちながらも、
どんな時代にも対応しトレンドをつくり出している
パワーがすごいと思うのです。
昔から憧れだったショップが今でも
第一線を走り続けている様子をみると、
自分もがんばろうと元気をもらえたりもします。
輸入家具のお店などはちょっと敷居が高く感じることも
あるかもしれませんが、ぜひ、見て触れて、
なぜ世界で愛され続けているのかを尋ねてみてください。
そんなストーリーを聞くだけで、
心が豊かになりますよ。

カンディハウス札幌
(カンディハウスサッポロ)

札幌市中央区双子山 4 丁目 1-10
tel.011-511-0303
営業時間／ 10:00 〜 18:30
定休日／月曜、夏季、年末、年始
北海道を代表する家具メーカー、カンディハウスグループの独立店として「CONDE HOUSE」をはじめ「arflex」や「Molteni&C」「Riva 1920」といった輸入家具も扱っています。

TOYO KITCHEN STYLE 札幌ショールーム
(トーヨーキッチンスタイルサッポロショールーム)

札幌市中央区大通西 8 丁目 2 住友商事フカミヤ大通ビル 1F
tel.011-221-2321
営業時間 10:00 〜 18:00
定休日 水曜(祝日の場合は木曜)、夏期、年末年始
「住む」をエンターテインメントに提案する、キッチンを中心にしたトータルインテリアメーカー。「kartell」や「moooi」などの海外のハイブランドのアイテムも扱っています。

BoConcept
(ボーコンセプト)

札幌市東区北 7 条東 9 丁目 2-20 アリオ札幌 3F
tel.011-743-9202
営業時間 10:00 〜 21:00
定休日 なし
北欧デンマーク家具のインテリアショップ。ソファやテーブルなどデザイン性と機能性を備えた家具やインテリアアクセサリーを取り揃え、無料の 3D シミュレーションサービスも行っています。

LIVING HOUSE
(リビングハウス)

札幌市東区北7条東9丁目2-20 アリオ札幌 3F
011-743-9202
営業時間：10:00 〜 21:00
定休日：なし
無垢やナチュラルテイスト、シンプルモダンなど、よりお客様のニーズに対応するため、独自の視点でオリジナル商品をはじめ国内・海外ブランドを厳選してセレクトしています。

in ZONE with ACTUS 宮の森
(インゾーネ ウィズ アクタス ミヤノモリ)

札幌市西区二十四軒2条7丁目1-14
tel.011-611-3939
営業時間 11:00 〜 19:00
定休日 不定休
快適な暮らしを提案するトータルライフスタイルショップ。北欧を中心としたデザイナーズ家具やこだわりの雑貨がたくさん。インテリアプランニングや住宅のプロデュースなども行っています。

無印良品 札幌ステラプレイス
(ムジルシリョウヒン　サッポロステラプレイス)

札幌市中央区北5条西2丁目5 札幌ステラプレイス イースト 6F
tel.011-209-5381
営業時間 10:00 〜 21:00
定休日 不定休
雑貨類をはじめ、ベッドなど大きな家具、暮らしの基本が揃う無印良品。インテリア相談会なども開催しています。札幌市内にほか8店舗展開中。

CLASKA Gallery & Shop "DO" 札幌店
(クラスカギャラリーアンドショップ ドー)

札幌市中央区北5条西2丁目5 札幌ステラプレイス イースト 3F
tel.011-209-5255
営業時間 10:00 〜 21:00
定休日 不定休
伝統の手仕事でつくられる工芸品からデザイナーによる新しいプロダクトまで、今の日本の暮らしに映えるアイテムを新しい視点で集めたライフスタイルショップ。札幌店限定グッズもあります。

Madu
(マディ)

札幌市中央区北5条西2丁目5 札幌ステラプレイス イースト 2F
tel.011-209-5526
営業時間 10:00 〜 21:00
定休日 なし
食器を中心にキッチン雑貨やインテリア雑貨を扱っています。女性好みのデザインながらも、甘さを抑えた日常に取り入れやすいものが多く揃います。

中川政七商店 札幌ステラプレイス店
(ナカガワマサシチショウテン ステラプレイステン)

札幌市中央区北 5 条西 2 丁目 5 札幌ステラプレイス センター 3F
tel 011-209-5359
営業時間 10:00 〜 21:00
定休日 不定休

奈良で 1716 年に創業し、手績み手織りの麻織物をつくり続け、現在は「日本の工芸を元気にする!」をビジョンに、幅広く生活雑貨を扱っています。

unico
(ウニコ)

札幌市中央区北 5 条西 2 丁目 5 札幌ステラプレイス センター 3F
tel.011-209-5201
営業時間 10:00 〜 21:00
定休日 なし

日本人のライフスタイルに合わせてデザインされたという家具はサイズ感も程よく、ナチュラルなものからヴィンテージスタイルまで様々なテイストが揃うのが魅力。

212 KITCHEN STORE
(トゥーワントゥー キッチンストア)

札幌市中央区北 5 条西 2 丁目 5 札幌ステラプレイス センター 4F
tel.011-209-5204
営業時間 10:00 〜 21:00
定休日 なし

人と人とがコミュニケーションをとる上で、欠かすことのできない「食」をより豊かにするために、世界中からセレクトしたキッチングッズを提案しています。

TIMELESS COMFORT
(タイムレスコンフォート)

札幌市中央区北 5 条西 4 丁目 7 大丸札幌店 7F
tel.011-200-4577
営業時間 10:00 〜 20:00
定休日 なし

"快適な生活を提案する"ライフスタイルショップ。 世界各国より TC スタイルでセレクトされたインテリアグッズ、ファニチャー、ルームフレグランスなどが揃います。

アフタヌーンティー・リビング

札幌市中央区北 5 条西 4 丁目 7 大丸札幌店 3F
tel : 011-241-3328
営業時間 : 10:00 〜 20:00
定休日 : なし

一日一日を積極的に楽しむためのちょっとした演出や、温もりやときめきを感じるアイテムが揃います。

quatre saisons
(キャトル セゾン)

札幌市中央区大通西 3 丁目 4-1　地下街オーロラタウン
tel.011-200-3936
営業時間 10:00 ～ 20:00
定休日 不定休
1968 年にパリで生まれ、1987 年に自由が丘で開店したお店。「自然を感じながら豊かに住まうパリの暮らし」をテーマに雑貨や家具、衣料品と幅広い品揃えです。

私の部屋
(ワタシノヘヤ)

札幌市中央区大通西 3 丁目 4-1 地下街オーロラタウン
tel.011-218-2878
営業時間 10:00-20:00
定休日 不定休
1973 年に設立された日本の老舗雑貨店です。日本の文化と新鮮なアイデアが融合した、美しく豊かな暮らしを提案しています。

Francfranc
(フランフラン)

札幌市中央区南 1 条西 3 丁目 3 札幌パルコ 3F
tel.011-221-3891
営業時間 10:00 ～ 20:00 (土 10:00 ～ 20:30)
定休日 不定休
デザインされた商品と自由なスタイリングで多彩な空間づくりを叶え、心地良い毎日を提案するインテリアショップです。道内ではアウトレットも含め 5 店舗展開。

NOCE
(ノーチェ)

札幌市中央区南 2 条東 1 丁目 1
tel.011-232-8338
営業時間 11:00 ～ 20:00
定休日 なし
北欧・ブルックリン系のおしゃれな家具やソファー、ダイニングテーブル、チェアなど種類豊富な色やサイズから選べます。新社会人や学生など、一人暮らしを始める人はぜひ。

arenot
(アーノット)

札幌市中央区北 2 条東 4 丁目 サッポロファクトリー 2 条館 2F
tel.011-200-9796
営業時間 10:00 ～ 20:00
定休日 なし
デザインをテーマに、デザイナーズ家具・照明・雑貨等の生活に関わる様々なプロダクトを新品・中古、ジャンル、国籍を問わず世界中から集めたセレクトショップ。

イベントめぐり

一度にたくさんの雑貨に出会える
イベントはわくわくしますよね。
最近は、店舗を持たずにイベントにのみ
出展する作家さんやショップも
多くなってきました。
そんなお店の「その時だけ」のひと品を
手に入れるのも醍醐味です。
毎回場所を変えて開催するイベントも
あるので、ホームページやSNSで
まめに情報をチェックして
訪れてみてください。

北から暮しの工芸祭

チ・カ・ホ（札幌駅前通地下歩行空間）全エリアを使って催される、年に一度の「クラフト＆アートのお祭り」。北海道最大級で、多いときは130組ものプロのつくり手が集まります。姉妹イベントの「手しごとの収穫祭」も人気。

kuraché （クラシェ）

北海道・札幌の魅力あるライフスタイルや暮らしのシーンをチ・カ・ホ（札幌駅前通地下歩行空間）から提案。毎回、テーマに沿ったこだわりをもつ道内のつくり手が集まります。展示やワークショップなどがあるときも。

Glück Zakka Market
(グリュック ザッカ マーケット)

国内外の雑貨や洋服、アクセサリーなどをはじめ、レトロ・アンティーク雑貨、オリジナル雑貨など、多くのカテゴリーの雑貨を楽しめます。スタンプを集めて好きなプレゼントと交換できるスタンプラリーも開催。

めぐり市

季節をめぐるマーケット。道内の雑貨店を中心に、季節の雑貨、アクセサリー、服飾、食品や野菜など、ライフスタイルに彩りを添えるアイテムが揃います。大通ビッセ（中央区大通西3丁目）での開催がメイン。

LOPPIS （ロッピス）

選りすぐりのインテリア、雑貨、カフェ、スイーツ・ベーカリーショップ、手工芸作家が集い、豊かなライフスタイルを提案する週末マーケット。開催地がアウトドアで楽しめる要素を盛り込んだ場所になることも。

古き良きもの

古もの、ビンテージ、アンティーク…。呼び方はいろいろあれど、人の手に触れ、時を経てきたものには、新しいものにはない味わいがあります。自分が気に入ったように誰かが大切にしてきたのだという時を超えた共有感もうれしいものです。

UNPLUGGED

● アンプラグド

シンプルに整えられた
存在感のあるビンテージ

札幌市中央区南3条西
8丁目 11-3 1F
tel.011-251-6787

🅗🅕🅘

営業時間
13:00 ～ 20:00

定休日
年末年始 (不定休あり)

駐車場
あり

ビンテージのランプも。コードやコンセントなど、日本でも使えるようにきちんと直しています。

フランスをメインにバイヤーが買い付けてくるヨーロッパのビンテージ家具や雑貨。日常で使えるようにと自社でメンテナンスをしたうえで販売しています。元の素材を活かした方が良いと判断すれば、塗装を剥離したりやすりをかけたりすることもあり、その手の入れ方がとても絶妙で、どれもシンプルながらオリジナリティの際立つ仕上がりも魅力。購入後のメンテナンスにも対応しているとのことなので安心です。店舗だけではなく倉庫にもストックがあるので、ほしいものがあればご相談を。ディスプレイのアクセントになる個性的なオブジェなども揃います。実際に見て触れて空気感を体験してもらいたいとスタッフの伊藤健さん。とても気さくで、若い人も年配者でも話をするのがとても楽しいといいます。洋服も扱っており、ヨーロッパのミリタリーのデッドストックやYAECAなど日常で使いやすいものが揃います。

古き良きもの

洋服のほか、バッグや靴などの服飾小物も。持っているだけでぐっとお洒落になるアイテムばかり。

vintage & gallery pecoranera

●ペコラネラ

今だからこそ使いたい
古き良き時代の日本のもの

札幌市中央区南6条西
23丁目5-17
tel.070-5608-3464
HP F ig

営業時間
12:00 ～ 18:00

定休日
水・木曜

駐車場
なし

jobin.さんの照明や画家paterさんの作品なども。ペコラネラの世界観と相まってとても素敵。

美容室の左脇の路地を進むと右側に白い扉が3つ並ぶ建物があり、その左側の扉が入口です。築50年以上の学生寮だった建物を改装したお店で、並ぶのはアンティークやビンテージの器や洋服など。昔よく見た花柄のコップやお皿もあり、なんとも懐かしい気持ちになります。9割は日本のもので、1960～70年代の商品を多く扱っています。この時代は洋食器の文化を取り入れようと、多くのメーカーが切磋琢磨して様々なデザインを製作しており、長く使えるようにつくられていて丈夫なのだそうです。レトロな雰囲気が逆に新鮮で、ディスプレイとしても使いたいものがたくさんありました。でも、大量に生産されていたので、あまり価値がないと思い捨てられてしまうことも多いのだとか。店主の髙橋洋子さんは大好きなこの時代のものがなくなってしまうのではとの危機感もあり、紹介し続けたいと強く思っています。

一番左端の扉がお店の入口。真ん中はギャラリー、右側はアトリエです。

grenier

●グルニエ

洋服と一緒に選ぶ
トレンド感あるビンテージ

札幌市中央区南1条西
3丁目3 札幌パルコ 3F
tel.011-350-3648

営業時間
10:00～20:00
（土曜 20:30まで）
定休日
札幌パルコに準じる
駐車場
カモンチケット対応

熊の木彫りや動植物をモチーフにした北海道の民芸品も。コアなファンが増えているのだそうです。

古き良きもの

オーナーがヨーロッパから仕入れる家具や服をメインに日本、アメリカのビンテージやアンティークのアイテムが揃います。ファッションビルという場所柄、流行に敏感な若者が多いですが、こだわりの強い本物志向の人が多く訪れます。家具などは大幅な手入れはせず、ありのままを提供。多少のゆがみは個性として楽しみたいという声もあるとか。洋服はワークウェアやミリタリー系のメンズものがメインなので、女性だけでなく男性のリピーターも。同店の洋服のテイストを好きな人はファッションの延長でインテリアも整えたいと考えているのでは、とのこと。美容室や飲食店など店舗関係の顧客が多いというのも頷けます。レースやボタンなどのパーツアイテムも豊富で、自分でアレンジを加える余白のある商品も。レースをディスプレイしている台がパンのこね鉢だなんて、思いもよらないものに出会えるのも楽しいです。

ビンテージのフレームは、壁面やキャビネットの上、床置きとしても活躍してくれます。

81antiques

● エイティーワン アンティークス

子連れでも気軽に行ける
アットホームな古道具屋さん

札幌市清田区美しが丘
3条1丁目8-3
tel.011-378-4781
HP F ◎

営業時間
10:00 ～ 17:00
定休日
月曜
駐車場
あり

古ものの雰囲気に合う雑貨や植物も。ユーモアのあるレデッカーの鍋ブラシなども人気です。

厚別中央通りに面した大きな三角屋根のログハウスが目印。特に決まったジャンルはなくて、和洋・年代を問わず幅広い品揃えですが、扱っているものは競りなどではなく、独自のルートからの初出し品（うぶ出し）がメイン。古物屋さんや雑貨屋さんへの卸しも行っているのだそうです。また、木枠のガラス窓や扉などもあり、リノベーションなどで古い建具を使いたいと考えている人はインスピレーションがもらえそうです。一般の人だけでなく、飲食店などの店舗を始める人やハウスメーカーの関係者も訪れるのだとか。取り置きはしていませんが、実際に見て状態を知った上で買ってほしいと、入荷情報をSNSで小まめに配信しているのでお目当てが出たらレッツゴー！です。お子様連れのファミリーも大歓迎なので、お気軽に。もちろん買い取りもしているので、自宅に眠っているものがあれば相談してみてください。

古き良きもの

フックやアングル、ペーパーホルダー、タオルハンガーなどDIYに使えるパーツも。

506070mansion

● ゴーゼロロクゼロナナゼロマンション

あふれんばかりの古ものから
自分だけの宝物を見つける喜び

札幌市中央区北3条東
10丁目16-7
北3条ビル2F
tel.011-213-0540
HP F ○

営業時間
12:00 〜 19:00
定休日
月曜
駐車場
あり

クラシックカメラもひっそりと。
カメラのほかケースやバッグなど
のアクセサリーが入ることも。

3階建ての建物の2階にあるお店は、2015年にこの場所に移転してきました。入口から商品が山となっていますが、上階はさらにカオスな光景が広がります。4人のバイヤーがセレクトしている古ものの数々は、ジャンルも年代も飛び越え個性的。スタンドランプやトランク、大きな額物などインテリアにスパイスを加えたいときのオブジェになるものも揃います。もちろん、日常使いできるダイニングチェアやテーブル、小さな棚やかご、器などもたくさんありますが、思わぬところに潜んでいるので、見つけたときの喜びも格別です。イームズや飛騨の家具、マルニやカリモクと人気のビンテージがお目見えすることもあるので、ブログなどはこまめに確認を。1階にはアンティーク＆ビンテージ着物とレトロ雑貨のお店「彩々堂」が入り、着物初心者にもうれしい価格帯のモダンな着物や帯が揃います。ぜひお立ち寄りを。

古き良きもの

ガレージに並ぶバイクやスクーターは1960年代のものが多く、もちろん販売しています。

Realism

● リアリズム

時代を超えて愛される
清々しいヴィンテージ

札幌市中央区南5条東
2丁目23
tel.011-563-5002
(HP)
営業時間
11:00 ～ 19:00
定休日
不定休あり
駐車場
なし

西山省一さんの牛頭のオブジェ。繊細なものから重厚感のあるものまで様々な作品が並びます。

古き良きもの

「いま使うことで、いまを斬新にする昔の物」をキーワードにオーナーの髙橋邦夫さんがセレクトしています。年代や国、有名無名にかかわらず様々なテイストですが、髙橋さんのフィルターを通して集められたものたちは秩序を保ち、心地良い雰囲気を醸し出しています。また、愛情をもって丁寧に扱っていることも伝わってきます。ペンダントやスタンドなどのランプも揃い、シャンデリアからインダストリアル系と幅広いラインナップ。古ものは組み合わせひとつで面白くなるので、それを見つけるのが楽しいのだとか。こんな魅せ方があったのかとハッとするディスプレイが参考になります。奥には作業服をメインにしたヴィンテージの洋服も。ほかでは取り扱いの少ない金属造形作家・西山省一さんの作品も扱っており、鉄や真鍮、銅などの素材感がヴィンテージの雰囲気に合います。アート探しに立ち寄るのもおすすめです。

店の奥には、国内の様々な職業の作業服をメインにしたヴィンテージの洋服もあります。

hotaru des hotaru

● ホタル デ ホタル

札幌の古もの業界を
見守り続けるお母さん的存在

札幌市清田区北野5条
1丁目2-10
tel.011-885-5305
HP f ◯

営業時間
10:00 〜 18:00
定休日
日〜火曜、13日、20日
駐車場
あり

3匹の看板猫がお出迎えしてくれることも。みんな静かな美人さんです。

店主の「ほたるさん」こと佐々木容子さんは、古ものの業界ではその名をよく知られている人です。お客様とのエピソードや同業者とのやり取りの端々に、面倒見の良さがにじみ出ていてみんなに慕われているのがわかります。幼い頃から骨董に囲まれセンスを培われたほたるさん。その目利きでセレクトされた品々はフランスのブロカントから和箪笥、民芸品と多岐に渡っています。古ものだけではなくCALAVERAのアクセサリーやさくら薬草のハーブティーなど、ほかでは扱いの少ないものや、最近はドライフラワーやスワッグ、ハーバリウム、鉢物などボタニカルなものも増えています。店舗から一般住宅の模様替えまで、空間のコーディネートもしており、古ものにとどまらない提案が好評です。

古き良きもの

LaLaLa アンティーク

● ラララ アンティーク

穏やかな店主に
価値を見出された古ものたち

札幌市中央区北1条西
25丁目1-14
tel.011-614-0504
営業時間
11:00〜19:00
（事前に問い合わせを）
定休日
不定休
駐車場
なし

着物の生地を裁断する作業台として使われていた裁ち板などの板もの。

鮮やかなブルーが印象的な外観のお店。でも、大きな看板などは掲げず、ひっそりとしているので見逃してしまう人も多いそう。シンプルな店内にはそれほど多くのものはありませんが、一つひとつがとても魅力的。ほどよく落ち着いた雰囲気をたたえ、性別を問わず好まれる商品が多いです。用途不明なものがわくわくして楽しいとオーナーの大竹俊範さん。インドネシアの竹製の楽器など聞いてはじめてわかるようなものが潜んでいるのも面白いです。最近はオブジェや絵画などのアート作品を積極的に仕入れしているとか。作者がわからなくてもいいと思うものは買い入れしているそうなので、判断がつかないものも相談してみるといいかも。訪問もしているので気軽に連絡してみて。

Studio SKIPPER

● スタジオスキッパー

創り出されるアンティーク
世界に一つだけの空間を探しに

札幌市西区発寒12条
3丁目13-11
tel.011-557-9642
HP F IG

営業時間
12:00～18:00
(土曜のみ)
＊ほかの日は要予約。
レンタルスペースは問い合わせを

定休日
なし

駐車場
あり

様々な種類のモールディングは購入も可。時々海外で買い付けてくるパーツがあることも。

撮影のためのレンタルスペースとしても使われている店内は、異国へ迷い込んだような独創的な空間となっています。森本敬子さんが創り出す世界観は唯一無二。既存の家具をモールディングやペイントでデコレーションしてつくるリメイク家具は元の姿が思い出せないほど美しく生まれ変わり、よくあるマンションの一室が海外へ来たかのような空間に変わります。ホテルや店舗、住宅の内装リフォームなども幅広く手掛けている森本さん。小さな身体でどこからそんなパワーが湧いてくるのかと思うほど、ニコニコと楽しそうにお仕事をしています。ここは家具を買いに行くというよりは、一緒に創り出す場所。家具や小物を持ち込み学びながら制作もできるリメイク教室も開催しています。

古き良きもの

カーテンや照明を購入する前に

購入の際によく相談されるのが、カーテンと照明器具のこと。
サイズがわからない、取り付けられなかったらどうしよう…。
そんな不安の声をよく耳にします。
お店へ行く前におさえておきたいポイントを
Q&Aでまとめてみました。

カーテン

Q 窓に対してどんなサイズのものを
買うといいですか？

A 幅は窓枠のプラス 20 ～ 30cm（左右それぞれ 10 ～ 15cm）、丈は窓枠の下端からプラス 15 ～ 20cm くらいがきれいに見えます。すると、窓に上記の寸法を足した大きさになりますが、注意が必要なのがカーテンレールの位置です。窓枠より高い位置に付いているとその分、丈が上がるので、窓枠の上からカーテンレールのランナーの下端に間がある場合は測っておいてください。

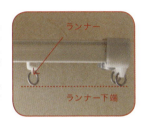

よくある既製のカーテンなどは、幅が 100cm か 150cm で、丈が選べて 2 枚入りのものが多いようです。
例えば、窓枠の幅が 160cm、高さが 120cm、窓枠からランナーまでが 5cm だとすると、幅は 160 + 20 = 180 となり、100cm 幅の 2 枚組で足ります。丈は 120 + 15 + 5 = 140 となり、140cm の丈で足ります。

床まである大きな窓の場合はランナーの下端から床まで測った寸法を目安にしてください。その際、窓枠の下端から床までも測っておきましょう。
オーダーできる場合は、ランナーと床の距離からマイナス 1 ～ 2 cm が目安です。

Q オーダーする場合に
気を付けることはありますか？

A お店の人が採寸や取り付けをする場合は、お任せすることができますが、店頭で購入する場合には、ある程度情報を持ってお店に行くと一度で済みます。窓枠の幅・高さ・枠からランナー下端までの寸法（大きな窓の場合は床までの高さ）を測ってメモし、あわせて写真なども撮っておきましょう。それをお店に伝えると間違いが少なくスムーズです。

照明器具

Q 購入した照明器具をちゃんと取り付けられるか不安です。

A 自宅にどんな取り付け用の器具（引掛シーリング）が付いているか写真を撮りお店の人に見てもらうのが一番安心です。付いていないと、電気工事が必要になりますし、引掛シーリングや照明器具の形状に合わせたものを選んだ方が見た目もきれいに取り付けることができます。ぜひお店で写真を見せて相談してみてください。

これは角型引掛シーリング。丸型や平たいものもあります。

Q どの位の明るさがあればいいですか？

A 大まかではありますが、8畳のリビングで300W、4人掛けのダイニングテーブルの場合、100W程度あれば大丈夫だと思います。電球がたくさん付いているものは、60Wが5灯で300W、40Wが3灯で120W、というように掛け合わせて考えます。

明るさは部屋の大きさや付ける場所、照明器具の形状・設置高さなどによって違いがあるため、ルクス（lx）という単位で照度計を使って計測します。JIS（日本工業規格）の「JIS照度基準」では作業内容や空間の用途に応じて推奨照度を定めており、検索すると出てくるので、より詳しく知りたい人は参考にしてみてください。照度計はスマートフォンなどのアプリでもいろいろあるようなので、試してみるのも面白いですよ。

Q デザイン性のある照明器具はどんなお店で売っていますか？

A この本に掲載されている下記のお店では店頭で比較的たくさんの照明器具を扱っています。

NORTH FACTORY（78P）
GENERAL STORE SURVIVE（80P）
無印良品 札幌ステラプレイス（95P）
unico（96P）
quatre saisons（97P）
Francfranc（97P）
arenot（97P）
輸入品・デザイナーズ照明
カンディハウス道央（82P）
カンディハウス札幌（94P）
TOYO KITCHEN STYLE 札幌ショールーム（94P）
in ZONE with ACTUS 宮の森（95P）

ちょっと遠くへ

小樽、美瑛、東川、旭川…。札幌から足をのばして、少し遠くの気になるお店を訪ねてみました。そこでしか手に入らないものとの出会いや、北海道ならではの自然に囲まれたロケーションで過ごす時間も貴重です。

yukimichi

● ユキミチ

心地よい静けさに気持ちが
リセットされる場所

小樽市張碓町 560-24
tel.0134-55-5886

HP f ○

営業時間
11:00 〜 18:00
（喫茶 L.O16:30）

定休日
水・木曜

駐車場
あり

器は道内外20名を超える作家の取り扱いがあります。写真は鈴木宏美さんのカップ。

五十嵐さんご夫妻が営む、器や暮らしのものと喫茶が楽しめるお店。十勝・幕別町で7年ほど雑貨店を営んでいましたが、縁あって2016年11月に張碓にて移転オープン。海の見える坂道の途中というロケーションにワクワクします。店内はスッキリとシンプルな空間ですが、お二人のゆったりした人柄が相まって温かな雰囲気。1階の雑貨店は奥様、2階の喫茶スペースはご主人が担当。自ら使い、食べてみていいと思ったものを伝えたいとセレクトされた器や日用品、食品などが空間を活かしたディスプレイに映えます。夏は大きな軒下で各地のおいしいものやクラフトの雑貨などを集めた「軒下マルシェ」を開催することもあります。また、ご主人の「合気道張碓道場」も併設。体験もできるので、興味のある方はぜひ予約を。雑貨とカフェと合気道…張碓から新しい風が吹いています。

喫茶スペースでは、取り扱っている作家の器でコーヒーやお菓子を楽しめます。

119

Zenibako Style Shop & Gallery

● ゼニバコスタイルショップ アンド ギャラリー

日々の暮らしの楽しみを知る
大人が集う場所

小樽市銭函2丁目2-8
tel.090-1307-6025
HP f

営業時間
11:00 ～ 17:00
（火～木曜）
定休日
火曜（不定休あり）
駐車場
あり

併設のカフェ「SNOW DROPS COFFEE」もぜひ。コーヒーによく合うおいしいスコーンがおすすめです。

店主の白鳥陽子さんがセレクトする品々が並ぶショップとギャラリースペース。銭函でオープンしてから今年で10年。2016年12月に駅前に移転し、より身近になりました。地域ブランドのプロデューサーとして小樽ブランド「UNGA↑」（ウンガプラス）にも携わる白鳥さん。札幌や小樽など道央圏の道内作家の作品が多く揃います。小さいスペースながら、器にカバン、アクセサリー、食材、季節を彩るインテリアアイテムが所狭しと並んでいるので、隅々までお見逃しなく。2階のギャラリースペースでは、洋服のレッスンやピラティス、木彫り、フラダンス、カラー教室と多彩な教室を開催。忙しい日々でも、少しの喜びや向上心を忘れずに楽しく過ごそう—そんな風に思わせてくれる場所です。

家具工房 旅する木

● タビスルキ

「木」への思いと確かな技術で
つくられたやさしい家具

当別町東裏 2796-1
旧東裏小学校
tel.0133-25-5555

(HP) f

営業時間
9:00 ～ 18:00
（事前に連絡を）

定休日
特になし

駐車場
あり

開け閉めすると音の鳴る引き出し。ユーモアのあるクラフト作品があちこちに。

世の中のものが全て「木」でつくられていたら…、木でストーブがつくれないだろうか…。時々そんなことも考えてしまうという須田修司さん。その思いが形となった家具には、全国にたくさんのファンがいます。須田さんの家具はとても優しげですが、見えない部分に隠された技術の鋭さやこだわりを感じます。現在取り組んでいるのは、木製の車椅子。細部に須田さんの技術が凝縮された試作が廊下に並び必見です。家具やクラフト作品のほか、オーダーキッチンも制作していて、ショールームにある奥様の希望を詰め込んだキッチンは、実際に使えます。木のキッチンなんて素敵だけど水廻りに大丈夫？と思った人は、なぜ大丈夫なのか理由を探りに、ぜひ工房まで足を運んでみて。

かくれ家

● カクレヤ

インテリアにもよく映える
しっかり使える生活雑貨

北広島市輪厚572
tel.090-6444-0102

営業時間
10:00〜16:00
定休日
日〜水曜（冬季休業）
駐車場
あり

看板犬のトッティちゃん。「私も
スタッフ！」とわかっているよう
に歩き回る姿がかわいい。

畑の中の道を進むと木々の間に見えてくる、白い一軒家。店名そのままに、ひっそりと雪のない期間だけオープンしているお店です。店主の酒井典子さんがセレクトした生活雑貨と古ものがセンス良く並ぶ店内は、ディスプレイの参考になるレイアウトがたくさん。器や調理の道具、食品などいろいろと扱っていますが、ここで手にするものはどれも見て楽しむだけではなく、実際に使いつづけられるものがたくさんあります。しっかりと吟味されているのはもちろんのこと、さらに自分で手を加える余白のあるものがたくさん揃っているようです。シンプルな布物が豊富なのも魅力。コットンやリネンのガーゼ生地、カラーリネン、酒井さんのお母様がセレクトした和布なども。店内でカーテンや間仕切りとしてさりげなく使われている様子もお手本になります。別棟の赤い屋根の納屋で開かれるイベントや企画展も人気です。

古ものの買い取りもしています。使わないけれど
捨てられないものなど相談してみては。

アンティークショップ **クレイドル**

●クレイドル

人の良いオーナーと
山ほどの古もので宝探し気分

月形町本町通18-4
tel.090-3777-6409
営業時間
12:00～19:00
定休日
不定休
駐車場
なし

腕時計好きが高じてこの道に入った板垣さん。懐中時計や置時計なども揃っているそうです。

札幌・桑園にて23年程営業していましたが、2017年6月に月形町に移転しました。道道376号と国道275号の交差点の角に建つ、洋装店だった古い建物が新店舗。1、2階とも床から天井までびっしりと古ものが並びます。ちょっとまだ片付いていなくてごめんなさい…と笑うのはオーナーの板垣誠一郎さん。奥には蔵があり、これから整えていくのでお楽しみに、とのことです。特定のジャンルにこだわってはおらず、和ダンスにシャンデリア、手回しの蓄音機に壺、糸紡ぎ機…と探るほどに様々なものが見つかります。競りなどでは、常連さんを思い浮かべて仕入れることも。移転後は、近所の人から家にあるものを見てほしいと声がかかることも多いそうです。

SÜNUSU

● スヌス

北欧を旅して
名作と出会ったような喜びがここに

旭川市7条通8丁目
左2号
tel.0166-27-7000
HP F Ⓘ

営業時間
11:00〜19:00

定休日
水曜

駐車場
なし

2階のカフェではドリンクとスイーツが楽しめます。北海道産の材料を使ったパンケーキも人気。

7条緑道に面するひっそりとしたロケーションと、ブルーと茶に白いドアのコントラストが効いた外観、そして少し薄暗い店内が外国にいるような気分にさせるお店。オーナーの阿部和人さんが自ら旅して仕入れる器や雑貨は、アラビアやグスタフスベリなど北欧のヴィンテージのほか、ドイツやフランスなどヨーロッパ各地のものもちらほら。仕入れた商品が届いた直後は、あふれるほどの器や雑貨が並びます。空間を引き締めてくれるシックなテイストのものが多く、ウォールプレートやフラワーベースなどインテリアアイテムが豊富なのも魅力。道外から訪れる人もいるのだとか。市内の「スヌスラウンジ」は姉妹店。こちらでもヴィンテージの器を使ったカフェメニューや食事が楽しめます。

旭川家具&クラフトショップ 旭川デザインセンター

●アサヒカワデザインセンター

世界に挑む高い技術と
デザイン性を気軽に体感

旭川市永山2条
10丁目1-35
0166-48-4135
HP F
営業時間
9:00～17:00
定休日
お盆と年末年始
駐車場
あり

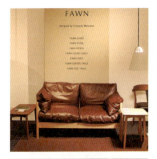

家具だけではなく、時計やカッティングボードなど木製の日用小物も多く揃います。

造作の家具と聞いて敷居が高いと思う人も多いかもしれません。でも、長く使える家具をお探しの場合はぜひ、ここを訪れてほしいです。旭川とその近郊にある36の家具メーカーが一堂に会しており、あちこち工房を回らずとも、ここで各社のデザインや仕様、価格などを比べて購入できる全国的にも稀有な場所なのです。選び方がわからないという人も、スタッフにどんな家具を探しているのかを伝えると提案してもらえます。100年前にはじまった旭川の家具の歴史。表立って名前は出ていないものの、図書館や空港などの公共施設や有名ホテル・飲食店など日本中から家具のオーダーが入ります。日本でも有名な家具メーカー・アルフレックスが旭川に工場を構えているのもその技術の高さからです。イベントも多いので、購入の予定がなくても「旭川の家具ってどんなもの？」と気軽に足を運んでみてはいかがですか。

勉強机や椅子などの子ども向けの家具や木製玩具もあるので、贈り物探しにもおすすめ。

Less

● レス

変わらない価値あるもので
こだわりのライフスタイルを

旭川市豊岡 11 条
5丁目 4-24
tel. 0166-37-7677
HP ○

営業時間
11:00 〜 19:00
定休日
水曜
駐車場
なし

ランプは家具と一緒にディスプレイされているのでサイズ感がわかるのがいいです。

ちょっと遠くへ

白い外観のシンプルな建物は古い空き店舗を改装し、内装はオーナーとスタッフで仕上げました。いたってシンプルですが、白く塗装された壁に、柱の木目が空間を引き締め、とてもスマート。ディスプレイされた家具や日用品は国内外を問わず、ストーリー性があり長く愛されているものをセレクト。マリメッコやストリングシェルフといった世界中で愛されているアイテムに、沖縄の器、徳島県の宮崎椅子製作所の家具などジャンルにとらわれない品揃えです。また、手頃ながらも味わい深い家具もあるのがうれしいところ。旭川の店舗は家具や雑貨など住まうことがテーマですが、東川町で衣服をメインに扱う「Less Higashikawa」やカフェ「ON THE TABLE」も展開しています。

Sachet.

● サシェ

きっと自分が好きになる
センスの良いアイテムがたくさん

旭川市東光9条4丁目
4-8
tel.0166-33-8254
HP F ○

営業時間
11:00 ～ 17:00（月1～
2回、日祝オープン）
定休日
日曜・祝日
駐車場
あり

SOKさんの陶のアクセサリー。パーツに医療用ステンレスが使用されるなどの配慮もうれしい。

オーナー・千葉歩美さんのセンスが光るセレクトショップ。ブルーの壁と入口の扉に期待が高まります。9年前のオープン当時は小さな建物でしたが、2度の増築で現在の大きさに。雑貨屋としてはじまり、古もの を扱って競りに行っていたこともあるとか。人とのつながりや好きなものを探しているうちに、多くの洋服も扱うようになったのだそう。Veritecoeur（ヴェリテクール）や Encachette（アンキャシェット）など道内では取り扱いの少ないブランドもあり、札幌からの常連さんもいます。器やキッチン雑貨のほか、BIRDS'WORDS（バーズワーズ）や鹿児島睦さんのポスターなどインテリアアイテムも。かわいいのに甘すぎない大人の女性が身に着けたい、傍に置きたいものばかりです。

slope

● スロープ

どこか懐かしい古民家で
長く寄り添う家具を選ぶ

美瑛町旭字第7
tel.0166-92-5737
(HP) f

営業時間
10:00 〜 17:30
定休日
火曜
(冬季は平日不定休あり)
駐車場
あり

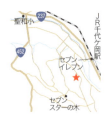

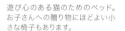
遊び心のある猫のためのベッド。
お子さんへの贈り物にほどよい小
さな椅子もあります。

田園を走る道から少し入った林の中、見逃してしまいそうにひっそりと蔦に絡まれた赤い屋根の古民家が佇んでいます。澤田昌彦さんが家具の制作をはじめて20年目になる、2003年に工房を構えました。大正ロマンを思わせるノスタルジックな雰囲気のなか、着物姿の奥様が迎えてくれます。長年使いこんだような家具は、オールド仕上げの塗装を施したもの。仕上がりを考え、木目がきれいに出るものを仕入れているそうです。レトロなデザインの取っ手なども選べます。置き家具のほか、造作もの、扉や階段までなんでも制作しているとのこと。お客様の生活の仕方までじっくりと聞いた上で、一緒につくり上げていくのが楽しいと奥様が笑顔で話してくれました。

スイノカゴ

● スイノカゴ

美瑛生まれの白樺かごと
温もりある手しごとの品々

美瑛町中町 1-4-34
tel.090-6260-1701

営業時間
11:00 〜 16:00
定休日
日〜火曜（冬季の営業は
不定休・HPで確認を）
駐車場
なし

白樺のカゴは採取できる季節が限られているので、目当てに行くときはご確認を。

　美瑛の駅前商店街の一軒家。木製扉を開けると白く洗練された空間が広がります。白樺かごを編む崎山雅恵さんが2014年にオープンしました。材料の白樺は、自ら森に入り採取した間伐材の樹皮。コブを取って重石をし、平らにして表皮をはがし、帯状にカットしたのち丁寧に編まれます。使い込むほどに変化する色も美しく、耐久性も高いのだとか。また、いろいろな暮らしのものを紹介したいと、道内外を問わず、作家の手しごとの作品も多く扱っています。値ごろ感のあるものも多く、企画展や季節ごとに扱う作品などディスプレイが変化するので、いつも新しい出会いがあります。道の駅「丘のくら」のすぐ近くなので、観光がてら気軽に訪ねてみてはいかがでしょうか。

北の住まい設計社

● キタノスマイセッケイシャ

北国に暮らすことの喜びを
感じさせてくれる場所

東川町東7号北7線
tel.0166-82-4556
HP f ⓘ

営業時間
10:00～18:00
(カフェは17:30まで、食事 16:00 L.O、デザート・ドリンク 17:00 L.O)

定休日
水曜

駐車場
あり

有機溶剤を含まず環境にもやさしいエッグテンペラ。マットな質感で美しい色合いです。

1977年に設立、85年からこの地で無垢の家具をつくり続けている、北海道を代表する家具メーカーです。環境や身体に負荷をかけず、長く使い続けられる家具を提案しています。2015年からはすべての家具を北海道産の広葉樹で制作。希少で多様な木を活かすため、樹種の違う小さな木材もエッグテンペラという塗料でカラーリングを施し、脚や幕板などに使います。工夫から生まれた手法ながらデザイン性が高く、その志に深い感銘を受けました。ショップには家具のほか、インテリア雑貨や身にまとうもの、暮らしの道具に食品と、家具と同じ思いでセレクトされたものが並びます。また、01年からは家づくりもスタートし、住宅設計から材料の加工、施工も行っています。東川の森の中というロケーションで四季折々の自然が楽しめるのも魅力。ゆったりと時間をとっての訪問がおすすめです。

別棟のカフェ&ベーカリーでは近郊の食材を使った
食事やデザートが楽しめます。

index

あ

Ager　034
asa　036
旭川デザインセンター　126
Ach so ne　023
アトリエ Sachi　030
arenot　097
Anorakcity Störe　040
アフタヌーンティー・リビング　096
AROUND THE CORNER　054
UNPLUGGED　100
il dono　062
in ZONE with ACTUS 宮の森　095
vaasä　052
unico　096
UMIERE　025
81antiques　106
SAC WORKS　087
F1/6 エフロクブンノイチ　042
OWN WAY CAFE　066
OLD 1 PLUS　069

か

かくれ家　122
がたん ごとん　042
kanata art shop　032
KABEYA　075
カンディハウス札幌　094
カンディハウス道央　082
木心庵　088
北風 works　092
北の住まい設計社　132
quatre saisons　097

CLASKA Gallery & Shop "DO" 札幌店　095
Gravel　056
grenier　104
クレイドル　124
Queserán Pasarán　070
COQ　028
506070mantion　108
CONIFER　055
Coin　041

さ

彩工房　085
Sachet.　129
sabisabi　091
sabita　018
Siesta Labo.　050
書庫 303　042
giorni … Lifeworkproducts　020
SIMPLE PLEASURE　089
SUU　014
スイノカゴ　131
Studio SKIPPER　114
SÜNUSU　125
space1-15　039
slope　130
青玄洞　035
Zenibako Style Shop & Gallery　120
GENERAL STORE SURVIVE　080

た

TIMELESS COMFORT　096
旅する木　121

cheer 074
チエモク 053
TSUTAYA 美しが丘店 073
D&DEPARTMENT HOKKAIDO by3KG 044
点と線模様製作所 041
toitoitoi 067
212 KITCHEN STORE 096
とみおかクリーニング 札幌1階雑貨店 024
TOYO KITCHEN STYLE 札幌ショールーム 094
トロッコ 042

な
中川政七商店 札幌ステラプレイス店 096
NORTH FACTORY 078
NOCE 097

は
ヒシガタ文庫 058
Bisco 084
piccolina 046
FAbULOUS 016
Francfranc 097
bluetulip 072
presse 051
blocco 090
pecoranera 102
BoConcept 094
hotaru des hotaru 112
北海道くらし百貨店 048
Pots of 038

ま
Madu 095
マーノ 040
澪工房 086
MILL 012
無印良品 札幌ステラプレイス 095
METROCS Sapporo 064

や
闇月創房 040
YUIQ 037
yukimichi 118
yurarika 040
ヨーガンレール+ババグーリ 札幌 021

ら
LaLaLa アンティーク 113
Realism 110
RIITO こどうぐ店 068
LIVING HOUSE 095
Le chant du coq 071
Less 128
rossa 022

わ
和田硝子器店 060
私の部屋 097

新海直美
インテリアコーディネーター、二級建築士。
1975 年北海道丸瀬布町（現遠軽町）生ま
れ、札幌市在住。公務員、設計事務所な
どを経て 2010 年に独立。インテリアコー
ディネートの仕事を主に、講師、アドバイ
ザーなど多方面で活動中。

ブックデザイン
江畑菜恵 (es-design)
マップ制作
藤沢歌織、土倉郁恵
カバー撮影
宇津木圭 (札幌コマーシャルフォト)
カバー撮影協力
GENERAL STORE SURVIVE

お気に入りを探して
雑貨とインテリアのお店

発行日
2018 年 3 月 24 日
初版第 1 刷発行

著者
新海直美

発行者
鶴井 亨

発行所
北海道新聞社
〒 060-8711
札幌市中央区大通西 3 丁目 6
出版センター
(編集) TEL.011-210-5742
(営業) TEL.011-210-5744

印刷・製本
株式会社アイワード

落丁・乱丁本は出版センターにご連絡下さい。
お取り替えいたします。
©NAOMI Shinkai 2018,Printed in Japan
ISBN978-4-89453-900-6